佐々木正美

Masami Sasaki

子どもの心は
どう育つのか

ポプラ新書

177

本書は、エリック・H・エリクソンのライフサイクル論をもとに、発達・成熟段階の考え方を、佐々木正美氏が展開したものになります。

　このたび、一九九六年に子育て協会より刊行された『生き方の道標　エリクソンとの散歩』（現在、一般流通していません）を加筆・修整し、新書化しました。

子どもを見守る大人たちへ
——佐々木正美先生とエリクソン

神奈川県小児療育相談センターで子育て事業室長をしていた私の上司が佐々木正美先生でした。その後、私は子育て協会を設立し、子育て支援に力を入れることになりますが、先生も療育センターを退職し、福祉の人材を育てたいと倉敷市の川崎医療福祉大学に赴任されます。同時に子育て協会の顧問としてライフワークの地域ケアに全力を注がれました。

先生は子どもと関わる職業者の育成に熱心で、日中の仕事を終えると、夜間の勉強会へ各地に赴かれました。ご一緒する中で、暖かな人間愛と科学的な知見が保育・教育・保健関係者に素直に迎え入れられているのを肌で感じました。先生は自閉症領域での専門家でもあり、みなさん水を吸いとるように学んでおられました。「子どもたちの将来が楽しみだね。保育・教育者たちが子どものために学んでくれるのが嬉しい」。昼間の仕事を終えてからの勉強会ですから、お疲れだったと思います。ときに夜一〇時頃まで学び合うこともありました。

先生の言葉を聞きもらすまいと、私はいつでもノートを持ち歩き、宝石のような一言々を認《したた》めていました。「森」という言葉が好きと伺い、後年『ことばの森』ということば集の本と、『ことばの森・子育て暦』を編み、上梓したところ、ある産院では誕生祝いのプレゼントとして活用されたということです。

勉強会では多くの研究者の学説を紹介していただきました。エリクソンを始め、ピアジェ、スピッツ、ボウルヴィ、ウィニコット、マーラー、コフート、エムディ、ワロン、シュタイナー、エンデ、ヴィゴツキー、サリヴァン、フロムそしてフロイトも。どこでこれだけの研鑽を積まれたのでしょう。「プロというのは普通、家族の話をしないのだそうです。でも、私は誇るわけではありませんが、家族のことを話すことで内外の先見、理論を身近に知ってもらえればと思って話しています」。自慢話ではありませんよと、楽しそうに奥様の話をされました。一日の仕事を終え、家に帰るのが楽しみだと。

年を経るに従って講義依頼は増え続け、「十年先まで仕事の依頼がある」と当時七十歳半ばだった先生が笑っていました。人がよくて断ることを知らない先生。子どもや家族、人間のために走り続けた一生でした。

『ことばの森』から

○人は孤立したら人を受け入れることができない。よい友人や、よい同僚をもつことが大切だ。

○子どもは本質的に親の言うことは聞かないが、親のすることはまねて育つ。

○子どもが「いい子」になると可愛がるお母さんがいる。しかし、子どもは可愛がられると「いい子」になるのである。

○過保護に育てられて駄目になった子どもを、私は本当に見たことがない。
（注：要注意は過干渉と放任との持論から）

○やさしい人は強い人
おこりっぽい人は弱い人
叱らない人は平和な人

○親が望む子どもになってもらうのではなく、子どもが望む親になってあげること。

○家庭が寛ぎの場でなければ、社会で力強く生きてゆくことは、容易ではないと思う。

○誰か他者のために役立っている自分に気づく時が幸せ。自分のために何かをしていても、空しい。

○夫婦の絆は、相手の苦手とするところを補い合うことで強まる。その結果、得意とするところがより発揮できるようになるから。

○私はほんとうに妻を大切にしたいと思っている。自分を生きやすくしてくれているのが、妻だから。

いつも、保育・教育者たち、お母さんお父さん、子どもの近くにいる人々に寄り添っていらした佐々木先生。

何よりも子どもを愛される先生は、子どもがよく育つため、その知識や経験を、おしみなく伝えてくれました。

とくにエリック・H・エリクソンは、佐々木先生に大きな影響を与えた心理学者でした。

エリクソンって誰？　どんな人？

本書を読むと、「ああもっと早くエリクソンを知っておけばよかった」、そう感じるかもしれません。すでに知っている方は、「そうか、そういうことだったのか」と、改めてライフサイクル論の理解を深める一助になることと思います。

「アイデンティティ」「モラトリアム」など、よく知られた造語・概念を提唱し、関心を寄せる人が多いエリクソン。もうちょっと易しく分かりやすく理論展開をしてくれればいいのですが、なかなかどうして頭をひねらせてくれる発達心理学者です。

フロイト晩年の弟子といわれますが、実際のところエリクソンは末娘のアンナ・フロイトに精神分析家としての手ほどきを受けています。

本書の著者佐々木正美先生もカナダ留学中にアンナ・フロイトの講義を受けたと伺いました。そして、先生が精神医学の臨床をするうえで非常に影響を受けたのがカール・クライン指導教授との出会いです。

「精神分析の専門家であるクライン教授は、エリクソンと親しく、一緒に学びあったことがあるのです。ですからオーソドックスな講義ではうかがい知ることのできない私的なこと、書物や論文には書かれていない考えをたくさん聞くことができました」。

直接エリクソンと会う機会がなくても、質問を受けたクライン教授がときにエリクソンに聞いてくれ、佐々木先生に回答してくれたこともあったようです。

エリクソンのライフサイクルモデルを、私は100回や200回どころではないくらい佐々木正美先生から拝聴しました。それはもうエリクソンが親戚・身内のような存在に思えてしまうほどです。

「人間はライフサイクルをこのように生きると、健康に生き生き生きることができて、その反対の生き方が、いろいろなところで挫折をしたり希望を失ったりしてしまうことになるという、実にみごとなモデルをエリクソンは教えてくれましたね」。

感銘を受けた私は、アメリカのエリクソンに手紙を出したことがあります。いくつかの質問も添えて。秘書の方からはていねいな返信をいただきました。エリクソンはすでに高齢で、回答ができません。こんな本が刊行されているので参照してください。誠実な手紙でした。それからまもなく九十歳を過ぎたエリクソンがお亡くなりになりました。

今日存命だったらノーベル賞を取るのではと言われるエリクソン。フロイトを超えたと言われることに対して佐々木先生は「フロイトの弟子エーリリヒ・フロムもやがてフロイトを批判しました。そしてフロイトを超えていきます。優れた師は自分を超えていく弟子を育てるものです。師を追い越したときに、恩返しができたと言われるのです」とおっしゃいました。

エリクソンの先見は「社会的成熟」を重視したところにあります。エリクソンは人間の成熟を見つめました。人間は社会的な存在であり、社会的存在でなくなったら、ひどく病んでしまうということを発見したのです。「社会的成熟」をエリクソンが言い出した時代には、社会的成熟が困難な人は例外的にしかいませんでしたから、人々は強い関心をあまりもたなかったようです。ところがその後、社会的成熟のできない人がどんどん増えてきました。

エリクソンの理論が日本で紹介されたとき「発達課題」と訳されました。「翻訳が難しいかもしれませんが、私たちが社会的に成熟していく時に、その時その時乗り越えていかなければならない主題がある。『発達課題』をこのように理解いただければよいのではと思います」と佐々木先生は語っています。

有名なエリクソンの「8つの発達段階・発達課題」の獲得に飛び級はないと

言います。乳幼児から老年期までの人間の歩むべき道標を明かした壮大な理論、そしてエリクソンと散歩するかのように本書で対話する佐々木正美先生。人間の成熟を果たすうえで「乳児期からの子育ての大切さ」を教えられます。

人間のたどるべき一生を明かした一冊です。どの世代にも共感をもって迎えられるのではないでしょうか。

二〇一九年九月吉日

子育て協会代表　杉浦正明

エリクソンへの感謝と尊敬

エリクソンとの最初の出会いは、カナダ・バンクーバー市のブリティッシュ・コロンビア大学の医学部児童精神科に留学中のことでした。一九七〇年十月から三か月間、主任教授へイミッシュ・ニコル先生の系統的なセミナーに出席し、年が明けて七一年三月頃からカール・L・クライン教授に学習障害児の治療教育臨床を親しく学ぶかたわら、私がエリクソンに大きな関心を寄せ始めていたこともあったため、さらに個人的に多くのことを教えられました。

クライン教授は若い頃エリクソンと一緒に熱心に学び合った経験があり、その後も親しい交流を持っておられました。ですから論文や著作の中では学べないこともたくさん教えられました。ニコル教授の正規のレクチャーにはない、エリクソンの私的なことや、彼の理論の基礎となり背景に存在する、生身の生き生きとした人間臭いエピソードなども豊富に紹介され、いっそうエリクソンに親しみを覚えました。

一九七一年九月に帰国して、十二月に長男が誕生しました。私たち夫婦は、自分たちの子どもをエリクソンのライフサイクル・モデルをいつも念頭において、育て始めました。次々と生まれてきた次男や三男も同様に育児をしました。それから二十五年が経ち、末の息子も大学生になりました。三人とも同じように育児や教育をしてきたつもりでも、三人の子どもには、それぞれに持って生まれた固有の個性や特性があり、三者三様に育ってきたようですが、一方では、エリクソン・モデルにつながる共通点もはっきりあるようです。それでよかったと思っています。本当によかったと思っています。

一方エリクソンは私たち夫婦自身の生き方にも多くの示唆を与えてくれました。ライフサイクルを生きるための、豊かな道標を示してくれました。私たち家族は、折にふれてその方向を確かめながら、一歩一歩入念に歩いてきました。

そして悔いはありません。それどころか、やり直しをしたいと思うようなことはほとんどなかったように思います。

さらにまた、私自身の職業的な臨床活動にも、エリクソン・モデルは第一級のテキスト・ブックとしての価値を示し続けてくれました。多くの青少年や幼い子どもたちとその家族の人々に会い続けてきて、彼らと対話をするための叡智を、どれだけ豊富に教示され続けてきたかわかりません。エリクソンに対する尊敬と感謝の気持ちは、書ききれないものがあります。

この感謝や敬意は、私の家族内や来訪者との対話の枠を超えて、私が関係する多くの人々とコミュニケーションをする際の共感に、大きなエネルギーを供給してくれることになりました。私の周囲で、育児、保育、教育、臨床などの活動をしている人々に、エリクソン・モデルについて私が好きな部分を語ることが多くなり、感動を分かち合う機会が増してきました。

私が、子どもの教育や臨床にたずさわっている仲間たちに、エリクソンを語る時には大抵、杉浦正明さん（子育て協会）がいました。彼は小児療育相談センターで一緒に仕事をしていた時から、もう十年以上の同僚で、本書制作の発案も彼です。

本書は二つの講演をまとめたものですが、私はこの書物で、エリクソンのライフサイクル論を広く正確に紹介しようとしているわけではありません。私自身が好き勝手に自分の私生活や公的な臨床活動に、自分の責任と判断で応用するのに、最も好都合だったと思えるところを述べたものです。ですから好きなところは何度も繰り返し語っていますので、もしかすると読者によっては邪魔で煩わしく感じられるだろうかと心配しています。できれば交響曲の大切な主題が美しいバリエーションをもって繰り返されるようにできればよかったのですが、なかなかそうはいかなくて、ちょっと言葉や表現を変えただけで繰り返しているものですから、読み直しながら、少し目ざわり耳ざわりかなと思いましたが、不要な重複をていねいに削除したり、その前後を整理する時間が持てませんでした。繰り返しているところは、私が大切な主題だと認識しているアイデアだとご理解いただいて、読者のお許しをいただくしかありません。

ここに述べている程度のエリクソンの紹介で、これまで一緒に勉強し合ってきた保育者や教育者、それに臨床者や子どもの両親や祖父母にあたる人々が、それも決して少なくない人々が、自分たちの役割をそれまでにも増して明確に意識することができるようになって喜んでいると、好意的な気持ちを表現してくださったことは、本書を作るための大きな勇気になりました。

より多くの子どもたちが、健全に育っていってくれることを願っています。そして同時に、彼らをとりまく大人の人々も、より豊かな生き方をされることを祈っております。そのために、私が全く勝手気ままにエリクソンとのお喋りに気をつかいながら散歩を楽しんだ気になって作ったこの小さな本が、ほんのわずかなことにでも、お役に立てれば、全く大きな喜びです。

もうすっかり何年越しかで、熱心にこの本を作ることを説得し続けてくださった杉浦正明さんに心からのお礼を申し述べて、はじめにといたします。

一九九六年一月二十七日深夜二時すぎ、自宅にて

佐々木正美

エリック・H・エリクソン

一九〇二〜一九九四年。ドイツ生まれ。精神分析学者。アンナ・フロイトに教育分析を受ける。一九三三年渡米しハーバード大学等で学んだのち、イェール大学医学部教授。一九三九年カリフォルニア大学児童福祉研究所に移り、一九四六〜五〇年にかけて有名な「幼児期と社会」を著わす。

本書『子どもの心はどう育つのか』は、「幼児期と社会」で人間の発達と成熟が分析されたライフサイクル論を、子どもをとりまく状況をふまえてわかりやすく語ったものです。

重要な人間関係の範囲
母親的な人
親切な人（複数）
基本的家族
「近隣」、学校
家族・仲間集団・学校その他の集団 リーダーシップ（指導性）のモデル 大学の仲間
友情、共感、競争の相手 結婚の相手
分業と共同の家族 （分担する労働と共有する家族）
「人類」、「私の種族」

エリクソンの発達・成熟段階

人にはそれぞれの段階に応じた課題があり、それを果たしながら、精神的に成長していくのです。

<table>
<tr><th colspan="2">発達・成熟段階</th><th>心理・社会的危機</th></tr>
<tr><td colspan="2">Ⅰ　乳児期
（誕生〜2歳）</td><td>基本的信頼／不信</td></tr>
<tr><td colspan="2">Ⅱ　幼児期（2歳〜4歳）
（歩行期）</td><td>自律性／恥・疑惑</td></tr>
<tr><td colspan="2">Ⅲ　児童期
（4歳〜7歳）</td><td>自発性・積極性／罪悪感</td></tr>
<tr><td colspan="2">Ⅳ　学童期
（7歳〜12歳）</td><td>勤勉性（完成）／劣等感</td></tr>
<tr><td rowspan="2">Ⅴ　青年期</td><td>前期（思春期）
（13歳〜17歳）</td><td>集団同一性《アイデンティティ》／疎外</td></tr>
<tr><td>後期
（18歳〜22歳）</td><td>個人的同一性《アイデンティティ》／役割拡散</td></tr>
<tr><td colspan="2">Ⅵ　成人前期（23歳〜35歳）
（若い成人期）</td><td>親密性（連帯性）／孤立</td></tr>
<tr><td colspan="2">Ⅶ　成人中期（36歳〜55歳）
（壮年期）</td><td>世代性（生殖性）／
停滞（自己吸収）</td></tr>
<tr><td colspan="2">Ⅷ　成人後期（56歳〜）
（老年期）</td><td>統合（完全性）／絶望</td></tr>
</table>

＊バーバラ・M.ニューマン、フィリップ・R.ニューマン（福富護、伊藤恭子訳）『生涯発達心理学』／川島書店／1980年
＊E.H.エリクソン（小此木啓吾訳編）『自我同一性』／誠信書房／1973年
＊西平直『エリクソンの人間学』／東京大学出版会／1993年
上記を参考に作成しました。年齢区分は目安です。

子どもの心はどう育つのか／目次

第1部　発達と成長
―乳児期から思春期・青年期まで―　29

第1部 発達と成長

―乳児期から思春期・青年期まで―

豊かさと他罰性、そして人間関係の希薄化

児童精神科の医師として今日では、ごく普通の子どもが、ごく普通に育つことが大変難しい時代だと思います。

例えば、社会的な関心事になっている不登校には、これだけが決定的な原因だということがありません。おそらく私たちの時代の文化が持っている様々な要素や側面が影響していると思います。そういう問題をいくつかの観点から考えてみたいと思っています。

筑波大学で臨床心理学を研究していらした我妻先生（一九八五年没）は、文化人類学にも大変幅広い知識やご経験をお持ちでしたが、よく私たちにこういうことをおっしゃいました。

文化人類学の方面から人間ということを考えますと、地球上ほとんど至るところにいろいろな種族、民族、いろいろな人間が住んでいるわけですが、経済的、物質的に豊かな地域や文化圏に住んでいる人間ほど、外罰性とか他罰性という感性を強く持っていると言われます。外罰、他罰というのは、何か不愉快

なことがありますと、自分以外の人を罰したくなる、そういう感情、感覚、感性のようなものです。人のせいにしたくなるとでも言いましょうか。

卑近な例ですと、仮に幼い子どもの手を引いて自分の家の周囲を歩いていて、ちょっと親が心の隙を作った時に、子どもが親の手を振り払って、ちょろちょろ歩いていって、ころんで、運悪く道の端のどぶ川へ落っこちたとします。この場合、「ああ、しまった、いけない」と思うだけで済ませれば、それは自己罰であり、内罰ですが、同時にこのどぶ川の管理責任者は誰だろうという感情が湧き上がったとします。こういう人通りの多いところのどぶ川をオープンにしておくというのは許しがたい、この道路とどぶの管理責任者は誰だろうという感情に自分が支配されたとすると、この部分が外罰であり、他罰になります。経済的に、あるいは物質的に恵まれない社会に住んでいる人の場合は、おそらくこんな時に、こんな外罰的な感情は湧き上がらないでしょう。豊かさと外罰性、他罰性、貧しさといわば内罰、自己罰という感情は結びつきやすい。これは、人類としての特性だそうです。

次いで、過密社会にいる人ほど人間関係が希薄になりやすいというのです。反対に過疎地の人ほど人間関係が濃密です。近隣や友人や親戚、その他の人々との人間関係が濃厚である。過密社会の人ほど人間関係は希薄になりやすい。これも、人間としての特性だそうです。

この二つ、豊かさと過密さというのは、同時並行しやすい人間社会の現象です。以前、私が教育委員会のお招きで札幌へ伺った時に、ある指導主事の方が、こんなことをおっしゃいました。北海道全道では、人口はじわじわと減っているそうですが、札幌の人口は急増中なのだそうです。バブルがはじける以前の話ですが、豊かさというのはそのように人口を過密にしやすいのです。一極集中的にしやすいということなのです。

私は、三人の男の子の父親です。二人が大学生で、一人が高校生ですが、大学の受験期前後の子どもたちを持っておりますと、そういう様相がよくわかります。上の二人の子どもたちが受験している時、すなわちバブルがはじける以前の大変に経済的に景気のいい時期は、東京周辺の首都圏の私立大学の入学競争が大変激烈でした。地方の人も、どんどん東京へやってきます。そうして、地方の国立大学がすいているという状態でした。ところが、このバブル経済がおかしくなって、少し不景気風が吹き始めますと、あっという間に東京の私立大学の競争倍率は減ってきたのです。そして、地方の国立大学が息を吹き返すみたいになるわけです。豊かさというのは、どこかへぱっと人を集めるんですね。不景気になると、地方へ散らばっていくという人間の特性があるのです。

豊かさと過密さというのは、このように関連しやすいものだそうですが、東京などはその最も典型的な場所でしょう。その両方が合わさりますと、私たちは自分の周囲にいる人に対して、その人の持っている長所よりは短所のほうにセンシティブになるのです。弱点や欠点、短所のほうが気になって仕方がなくなる。こういうことが人間関係をさらに希薄にしていくことになるのだろうと思います。

貧しさと過疎化というのは、特に過疎というのは相手の人の長所のほうに感性を働かせやすくするということです。こういう人間の、あるいは人類の持っている感性あるいは特性のようなものは、他人との関係だけではなくて、夫婦の間でも、親子の間でも、同じように認められるのです。

精神医療をやっていますと、家庭内暴力事件というのに非常によく遭遇します。最近では腕力が逆転して、親子の間に親が子どもに服従せざるをえないという場面がしばしばあります。腕力の強いほうが勝ちで、子どもが幼い時には親のほうが支配していますが、子どもの腕力のほうが親を上回るようになりますと、子どもが支配し始めるという家庭がたくさんあります。

そのように相手の弱点、欠点が大変気になりやすく、しかも他罰的になり、さらに相手の長所への気づきというのがなかなか難しくなるというのです。こういう今日の心理的な社会背景を、子どもと向きあう際に、私どもは心得ておく必要があるでしょう。

それではいよいよ、エリクソンのライフサイクル論をもとに、子どもの心の成長、そして人間の成熟について考えていきましょう。

Ⅰ 乳児期 「基本的信頼と安全の感情」（誕生～2歳）

人（親）を信じることは自分を信じることです。

親は子どもが望んでいるように愛することが大切です。

基本的信頼感を育てる

人間が成熟していくプロセスについて、エリクソンのモデルを示します。人間には、それぞれの時期に成熟していくための、あるいは発達していくための主題があるということです。かいつまんでお伝えすると、**乳児期には子どもというのは豊かな基本的な信頼感を育てられなければならないということです。**母子が一体としている時に、その一体感がしっくりくればくるほど、十分であればあるほど、子どもの中に人を信じる豊かな信頼感が身についてくる。

私どもは幼稚園、保育園などを巡回したり、あるいは市町村別に幼児保育、あるいは乳児保育をしている保育者との勉強会のような場所によくお付き合いをしますが、子どもたちも十人いますと、人を信じる力、そういう感情の豊かさや貧しさというのは、十人十色であることがわかります。**基本的な信頼感、ベイシックトラスト**とエリクソンは呼びましたが、これは乳児期に最も豊かにその感性が育つというわけです。人を信頼するということは、**自分が望んだようにに愛されること、あるいは十分な母子の一体感を経験すること**によって育てられるとエリクソンは言っております。

親は、しばしば子どもの望んだような愛情ではなくて、親が望んでいるような愛情のかけ方をするわけです。時間があれば、後ほど触れてみたいと思いますが、子どもの望むような愛情のかけ方を乳児期にする。これが十分であればあるほど、子どもは自分自身の安全感と周囲の人に対する信頼感を豊かに持つということであります。

もう四十年あまり前に欧米のいくつかの乳児院である実験が行われました。深夜に授乳するのがいいのか、そうでないのかということです。今日での決定的な結論は、授乳するほうがよいということです。赤ん坊が望んだ場合には、授乳したほうがいいのです。当時は専門家の間でも議論があったようです。乳児といえども、現実を知るべきであって、過剰な保護をするべきではない。非現実的な期待を抱く習慣は身につけるべきではなく、深夜には授乳されないことを早くから理解することが望ましい。そういう現実認識を早期から身につけることが、本当の意味で自立につながる云々ということを信じた学者もありました。けれども、そうではないという人ももちろんいたわけです。その結果、子どもたちを無作為に二分して、望んだ乳児に深夜に授乳をする群と、望んでも与えない群とに分けて、その後ずっとフォローアップしていったリサーチがあります。それによりますと、深夜に泣いても授乳はしないと乳児院で決定して、一貫した対応をしますと、早い子は三日くらい泣くだけで、翌日の朝まで泣かないで待てるようになるそうで、一般には一週間前後でほとんどの子が泣かなくなるようです。二週間を超えて、なおかつ要求をし続けるという子どもは、むしろ例外的にしかいないということがわかってまいりました。やったり、やらなかったりすれば別ですが、一貫して与えなければ、そういうことなのだそうです。

そこで、翌日の朝まで泣かないで待てるようになった赤ん坊は、忍耐強くなったのかどうか、あるいは現実認識ができたのかどうかということですが、その後子どものフォローアップをしていきますと、忍耐強くなったのではありません。全く逆でして、ギブアップしやすい子どもになるというのです。直ぐ努力を放棄する子どもになるわけです。集団で見てまいりますと、そんなふうなパーソナリティーの違いがわかってくるのです。赤ん坊には、努力の方法というのは泣くこと以外にないわけで、そういう根気を簡単に投げ出すというわけです。要するに、困難にぶつかった時に直ぐあきらめてしまうということがわかりました。そして同時に周囲の人に対する漠然とした不信感と自分自身に対する無力感、自己不全感という感性を身につけてしまうのです。

望んだことを、望んだとおり十分にしてもらえた子どものほうが、人を信じる力と自分を信じる力とを同時に豊かに身につける。人を信じる力と自分を信じる力、すなわち自信のようなもの、あるいは意欲のようなもの、これは表裏一体のものであるということがわかってきました。

したがって、母親を信じる力が弱いということは、母親以外の人を信じる力ももちろん弱いですし、自分自身を信じる機能も身につきにくいということなのです。そのような意味合いで、ベイシックトラストを育てるためには、乳児期に乳児がどれくらい自分が望んだことを望んだように十分してもらえたかということが、とても大事なのです。

Ⅱ 幼児期 「自律性」（2歳〜4歳）

自分の衝動や感情を自制することと、社会のルールを守ることができるようになること。大人は繰り返し教えるだけ。その成果はゆっくり待っていてやるのがいいのです。

自律性としつけ

次いで**幼児期の前半**のことについてお伝えします。エリクソンが**自律性と呼んだオートノミー**、**あるいはセルフコントロール**という意味合いであります。**自分で自分を律する**。**衝動をコントロールする**ことに象徴される、ある機能と言いましょうか、成熟であります。

この自律性が育つ時期というのは、子どもが最初のしつけに出合う時期で、トイレを中心にいろいろなしつけをされる時期です。しつけというのはある意味では、禁止と強制です。こうしてはいけませんという強制ですし、こうしなければなりませんという強制ですが、禁止や強制の事項をいろいろな形で親は子どもに教えていくわけです。手づかみでご飯を食べてはいけない、スプーンを使いなさい。トイレットはできることならば、パンツやオムツの中にするのではなくてこのオマルの中、あるいはトイレに行ってするということを、こちらは期待して教えるわけです。

その時に、とても大事なことはこうしてはいけないんだと、こうしなければいけないんだということを根気よく伝えることがしつけの重要な部分でありまして、しつけはそこまでがすべてだと言えるくらいです。決して早くからできなければならないということを、強く望むのではなくて、**いつからできるかは子どもまかせにしてあげるというところに子どもの自律性が育つ理由がある**というわけです。

私は秩父学園という重度の知的障害児施設で仕事をしたことがありますが、不慣れな養育者は定時排泄をする時に、出るまで便器から離れてはいけないということをやるわけです。これは最も子どもの自律性の発達をそこなうものです。子どもからすれば、他がコントロールするのですから「他律」であります。ここでオシッコをするのです、スプーンを持ってご飯を食べるのですということを子どもに伝える必要がありますが、いつからあなたがそれをできるようになるかは、自分で決めればいいという態度が大事なのです。

しつけを通して自律性を育てるというのは自分で自分の衝動をコントロール

できるようにすることとです。何をしなければならないかということは、根気よく伝え続けますけれども、いつからそれに子どもが意欲的に取り組むかということに関しては、子どもまかせにしてあげるのがいいのです。教えて待つということとです。

この自律性というのは、実はそれ以前のいわば発達課題が克服されているとスムーズに育っていくのです。エリクソンは決して発達課題とは言わないで、クライシスすなわち危機と言うのです。健全に成熟していくために、それぞれの時期に乗り越えなければならないある危機的な状況、危機的なテーマがあるという意味合いで危機と呼んでいます。クライシスと言っているのですが、日本語にして危機という意味合いは、どうも馴染みにくくて、むしろ発達や成熟へのその時期折々の課題だと言ったほうが私たちにはしっくりくるように思います。

基本的な信頼感を他人に対しても、自分に対してもしっかり持っている子どものほうが、次の自律的な活動に取りかかりやすい、前の危機的な状況を、あるいはいわば**成熟への課題をしっかり消化している子どもが次の段階に行きやすい、逆にそうでなければ、次の段階に行けない、**こう言ってもいいかもしれません。

エリクソンは、多人種・多民族国家のアメリカで、いろいろな文化、風習、伝統、宗教などを持っているそれぞれの家庭の中で育っている子どもたちの成熟のプロセスを詳細に観察して、健全に育つためのエッセンシャルな、不可欠なテーマを共通して抜き出してくると、乳児期には信頼の問題があり、幼児期早期には自律の問題があると言っているわけです。どんな文化的な背景、どんな宗教上の背景を持ち、どんな民族的な伝統文化を守りながら育児をしていても、子どもが健全に育っている場合には、基本的に共通したテーマがクリアされているのです。

Ⅲ 児童期 「自発性」（4歳〜7歳）

好奇心や探求心が開発される時期です。想像力や創造力の基盤であり、勤勉さにつながります。

子どもの悪戯の多くは未知のものを探究するための実験です。

自発性、実験や創造のもと

次いで**幼児期の後半**とでも言いましょうか、**児童期**と仮にいたしますが、**この時期には自発性というものを育てられることが望ましい**。重要な成熟へのテーマになるというわけです。すべてこの時期の子どもは、自分から何か働きかけることによって、そのものの性質を知ろうとして、よく動きます。絶えず動いていると言ってもいいですね。疲れを知らない時期、あるいは失敗を恐れない時期、あるいは失敗を直ぐ忘れる時期だとか、疲れが直ぐ癒される時期だというふうに言われます。好奇心が旺盛、すべてのものに対して自ら感覚運動的に働きかけをすることによって、ものを考える時期だと言ってもいいのかもしれません。

例えば斜面の性質については登ったり、降りたり、滑って転がったりして知る。高さの感覚は、登ったり、飛び降りたりしてみて知る。精神活動を含めてすべての営みが直接行動によって行われる。すべての思考力、ものを考える力も、行動によって獲得していく時期であります。親から見ると、あるいは周りの保育者から見ると、ろくでもない悪戯ばかりしているように見えるわけです。斜面を登ったり、降りたり、あるいは滑って転がったり、洋服を汚したり、頭に瘤《こぶ》を作ったり、体のあちこちに擦り傷を作ったりということを何度も何度も繰り返すわけです。こういう子どもたちの行動に関して、それらをいかに根気よく認めてあげるかということが、この自発性（＝spontaneity）というものを育てるための基本要件だとエリクソンは言っています。

これとよく似たことについてピアジェは、こんなことを言っています。科学の第一線にいて、未知の分野を開拓している科学者が、未知の分野を開拓している研究者が、同じ条件下で同じ実験を何度繰り返しても同じ結論を得た時に、そのことが真理だというふうに確認していく作業と同じことを子どもはしているということであります。すなわち、子どもは昨日は登れたけれども、雨上がりの斜面になると滑って転がってしまい登れなくなってしまう。洋服を汚してしまう。晴れて、乾いている時なら僕は登れるんだということを何回も成功したり失敗したりしているうちに理解していくわけですね。登れる時と、登れない時というのは、斜面にどういう性質があるのか、あるいはどのくらいの勾配だとどうなるのかと、どれくらいの川や溝なら飛び越せて、どのくらいの時に落っこちてしまうのかというようなこと等々でありますが、大人から見れば一見、わかりきっていて、ろくでもないことであります。ところが、それを何度も何度も繰り返して、環境や対象物の性質、同時に自分の体力、知力、能力というようなものを確認していくわけです。それは科学者が新たな真理を究めていく行為と質的には全く同じだということをピアジェは言っているのです。「知能の誕生」などの書物の中でも言っております。

そういうことを十分子どもに経験、体験させてあげられれば、**子どもの中に自発性というのを育ててやることができる。そのことは創造的に生きる原動力になるものです。**そのためには、前の段階の自律性、自分で自分の衝動をどれくらいコントロールすることができるか、この発育課題とも言うべき危機を乗り越えていることが重要なのです。今日の幼児教育や幼児保育の場、あるいは幼児を育てる家庭や地域社会の環境が、こういうことを子どもにどれくらい十分にやらせてあげられているか。あるいはそれ以前に乳児期に親とか、親代わりの育児者がどれくらい子どもに豊かな信頼感とか自律性というものを育ててやれるような育児ができているかどうかということです。乳児保育をする保育園がたくさんありますので、そういうところの勉強会では、こういうことを繰り返し申し上げるわけです。

Ⅳ 学童期 「勤勉性」（7歳〜12歳）

周囲（社会）から期待されていることを、自発的にそして習慣的に実行することができるでしょうか。

友達から学ぶことと、友達に教えることの意義は大きいです。そのためには、数多くの友達が必要です。

勤勉、その真の意味

次いで**学童期**ですが、エリクソンの言葉で言いますと、我々の文化圏に住む子どもの場合に、公教育（＝public education）が始まって最初の数年間に相当する時期ということです。なぜエリクソンがこんな言い方をしたかというと、世界中のいろいろな種族、民族の子どもたちを調べている中で、ジプシーの子どもであるとか、遊牧民族の子どもであるとかは、学校へは行かない人もいるわけですから、必ずしも小学校時代ではないわけですね。我々の文化圏に住む子どもについて言えば、ちょうど公教育が始まって最初の数年間に相当する時期、これは小学生時代に相当する時期なのですが、この時期に勤勉性というものを身につけるのです。勤勉さの最もベイシックな感性や風習は、小学校時代の数年間に獲得するということだそうです。

勤勉ということは、どういうことなのか。エリクソンは、**社会的に期待される活動を自発的に、習慣的に営むこと**だと考えています。自発的であり、習慣的でなければならない。ある日突然やって、翌日できないというのは、勤勉とは言わない。一夜漬けの勉強みたいなものでありますが、平素からコンスタントに習慣的に社会的に期待される活動に取り組めるかどうかということが、勤勉さの定義のようなものです。

それでは、そういう感性を、あるいは習慣を子どもたちはどのように発達課題のようにして身につけていくかということですが、社会的に期待される活動という言い方をするのは、これも地球上の至るところ、文化や風習などによって期待される行為や営みが違うわけですね。それでエリクソンは、そういう表現をしておりますが、いずれにしろその子どもの所属している社会や文化圏で、社会的に期待される活動を自発性を持って、習慣的にどれくらい営めるかということです。そこでそういうことが十分身につくためには、仲間と道具や知識や体験の世界を共有し合わなければならない。友人と道具とか、知識とか、体験の世界を……です。

この道具の内容は、それぞれの社会文化によって異なるのです。知識の内容もそうです。そして、道具や知識とともに体験の世界を、仲間と共有し合うことを十分しなければならない仲間が大切なのです。エリクソンはある雑誌(Psychology Today)というポピュラーな雑誌で、記者のインタビューに答えて、ちょうどそこに該当することに関して、**仲間と道具や知識や体験の社会を共有し合うということは、**くだいて言えば**友達から何かを学ぶこと、友達に何かを教えること**だと言うのです。こういう経験をどれくらい豊かにするかということが、子どもの勤勉さを育む上で決定的に重要な要件であるのです。

私どものところにやってくる様々な子どもたちをよく見てみますと、不登校に限りませんが、精神保健の悪くなってしまった子どもたちは、大人からしかものを学んでいないところが顕著です。エリクソンは大人からものを学ぶことに価値がないとは言っていません。それはもちろん価値のあることであります。けれども、この時期の発達や成熟課題を十分に消化していくために不可欠の要件というのは、友達からものを学ぶことであり、友達に自分のものを分かち与えることなのです。こういう経験を十分しなければならなくて、教え合うことは内容よりも量が大切だということも言っています。どれくらい多くのことを友達から学んだか、どれくらい多くのことを友達に与えられたかということです。この経験を十分にしないと、人間は優越感と劣等感を体験しながら生きていくということになるように思います。

能力の高い友人とか、クラスメートに出会った時に、その友人を尊敬できるか、その友人に共感できるかということです。現代っ子はそういう気持ちにならない子が多いように思います。そして嫉妬とか、羨望とか、敵意とか、その裏返しとしての劣等感を強く意識してしまう。あるいは逆に自分のほうが何か優れている時に、健全な誇りとか、自信とかいうことではなくて、優越感を感じてしまう。劣等感と優越感というのは、表裏一体の感情であり、劣等感のない人に優越感というのはないわけです。優越感のない人には、劣等感もちろんないわけです。人間は、誰もがいろいろな意味で程度の差はあれ、そういう感情は持っているのですが、それが過度に強調されて子どもの中に育ってしまうということは、ちょうどこの勤勉さを習得しなければならない小学校時代に、友達からどれくらい豊かなものを学び得たか、同時に友達にどのくらい多くのことを分かち与えたかということに関連することなのです。要するに共感的な相互依存的な生き方を、どれくらいできたかということに尽きるわけです。こういう経験が学童期に、とても大事であるということをエリクソンは強調しているのです。

Ｖ青年期（思春期）「アイデンティティ」13歳～22歳

自分を客観視することができるようになって、自分とは何者かを考えるようになります。

そのためには、深く共感し合える友人を得ることが必要です。

思春期とアイデンティティ

次いで**思春期**でありますが、この時期の成熟のテーマは、**アイデンティティの確立**であります。アイデンティティという概念や言葉の創造でエリクソンは有名だと言ってもいいくらいです。自分という人間の個性や特質を問う時期です。identify、identification という言葉から出てきたエリクソンの造語であります。自己同一性とか、自我同一視とか、いろいろな言葉で表現されますけれども、**自分というのは一体何だろうということを自覚する、あるいは洞察する**と言いましょうか、自分の本質を知り、他の人との違いを知るということでもあります。

このアイデンティティの確立には、今度は価値観を共有し合えるような友人が必要です。それは何故かと申しますと、思春期に、アイデンティティを確立するということは、自分を客観的に見つめることでもあります。幼児期は、主観の世界にいます。大きくなったら何になりたいということを問いかけますと、もう子どもは自由に答えます。オリンピックの選手になりたい。会社の社長さんになりたい。新幹線の運転手になりたい。自由に言えるわけです。言えると同時に、幼児はもう将来はそのようになれると思っています。それは主観の世界にいる非常に幸せな時期でありますが、アイデンティティを確立するということは、客観的に自分を洞察する力が身についてきて、初めて可能になるわけです。

ですから、思春期の若者は、幼児期と決定的に違いまして、鏡をよく見るようになるわけですね。自分が客観的にどんな様子をしているんだろうかということが強い関心事になります。けれども、最大の関心は内面で、自分の内的な世界はどんなになっているんだろう、あるいはどんな人格を持っているんだろうということを客観的に見つめるようになるわけです。その客観的に自己を洞察するための鏡の役割が、友人たちであります。自分が親しくしている友人の自分に対する感想とか評価をたくさんよせ集めて自己というものを作っていくわけです。ですから、外形については鏡でよいのですが、内面については友人が必要なのです。自分に対して、安心できるようないい評価をしてくれる友人というのを持つ必要があるわけです。ですから、思春期の若者というのはそれまでの小学校時代の仲間とは違いまして、価値観を共有できる友人が必要になるのですね。趣味や思想信条、主義主張、価値観などが共有できる、あるいは深く共感できる友人を強く求めるようになります。

したがって、子どもたちは誰とでも遊ぶということは思春期になるにつれて、しなくなります。ところが小学校時代、とりわけそれも低学年の頃であればあるほど、子どもは誰とでも遊べる子ども、どの子ともコミュニケーションできる少年が健全ですが、思春期になれば価値観を共有できる、深く付き合える選ばれた友人をしっかり持つということがアイデンティティを形成するためにとても大事になるのです。けれども、思春期のそういう発育課題というのは、それまで広くいろいろなタイプの友達とコミュニケーションをしておく体験によって、友人を選ぶことができるし、自分が選ばれて仲間に入ることもできるのです。

その広く友達から学ぶとか、自分を友達に分かち合えるとかいう経験は勤勉さの獲得と表裏一体のものでありまして、勤勉さというものには自発性があって、習慣性がある。その自発性ということは、実は幼児期の後半、児童期に獲得しておくべきことであり、児童期の自発性というのは幼児期の前半の自律性というものがクリアされていることで習得が可能です。さらにまた自律性の中身でセルフコントロールということも、自分に対する確信のようなもの、基本的な自他に対する信頼感が前提として必要だということで、次々に前の成熟課題を乗り越えて、次の発育課題が達成されてくるという手順があります。したがって、それらを乗り越えられないということについての問題、これを危機、クライシスという概念と表現でエリクソンは提言しているわけで、そういう発育や成熟のプロセスが順調に進展するか、しないかということが青少年の精神保健問題の基本にあります。

結局、不登校の子どもたちによっては、こういうプロセスがうまく踏めていないと思われる事例がよくあります。大人からはよく学んでいる。だから、知識や技術はたくさん持っている。だけど、仲間との心理的な距離がとれない。

共感的なコミュニケーションができない。あるいはクラスの中に自分が存在すべき精神的な場が見つからない。そういうことが続きますと、一種の対人恐怖のようになってきます。その結果、強迫神経症みたいにもなっていきます。その後のライフサイクルについても、実はエリクソンは成人期とか、壮年期とか、老年期についていろいろ言っております。

【児童―子ども】と【成年―大人】の間

人間は社会的存在にならなければなりません。道徳観や倫理性は、役割のあるごっこ遊びやスポーツの中で育ちます。

親密さと生産性、そして世代性を生きる

成人期というのは、詳しくお話しすると、健康に生きるためのなかなか面白いテーマがあるのですが、ここでは一言だけにしておきます。若い成年期と言ってもいいと思いますが、よい精神保健の状態で成熟のプロセスをたどるためには、親密性というテーマがとても大事です。自分を賭けることができるほど、自分を賭けてしまって悔いがないと思えるほどの対象を見つけることが必要です。あるいは親密性と生産性とも言っています。価値をこの世に作りつつあるのだという実感です。この二つが若い成年期の重要な成熟課題です。

自分を賭けることができるほどの親しい人たちに恵まれるということで、その一つのテーマが、結婚ということです。結婚も、ある意味では賭けのようなものです。自分を賭けても悔いがないというほど信頼ができ共感ができる友人とか、知人とか、人生のパートナーに恵まれること、それが生産性の原動力になるのです。ですから親密性と生産性というものがこの時期の生き方の大事なテーマなのです。余分な解説は省かせていただきますが、この場合の生産とは、

物質的なもののみでなく、精神的生産も含まれます。思索とか芸術とか育児なども重要な生産活動です。

次いで**壮年期**であります。この時期は、**世代性をテーマにして生きること**が大事だと言います。世代性というのは、前の時代から先人が築き上げてきたものを受け継いで、そして自分の時代に新たなものをプラスαして、次の世代に引き渡していけるという認識でして、次の世代に残していけるものを、自覚できるという生き方です。先人文化や歴史や伝統などの業績を引き継いで、自分の時代に修正、改良、加筆などの発展的なものをプラスして、そして次の若い世代にゆずり渡していけるという実感を持った生き方ができること、それが世代性を生きているということなのです。三世代家族とか、昔の村時代とか、そういう時代にはこういう生き方は壮年期の人にとって身近なことでしたが、現代は世代間の断絶がひどくなって、世代性をテーマにした生き方が困難になり、壮年期の人たちの精神保健は悪くなりました。

最後が**老年期**で、**人生の円熟期**です。成熟や円熟のためのテーマは**自我の統**

合と言われます。悠久に続く歴史の中で、あるいは際限もなく無限大のように思える宇宙の中の一点のような地球の上で、それこそ瞬間的に終わる自分の人生に、自然との関連で秩序を感じる。エリクソンはそういう言い方をしているのですね。

悠久に続く宇宙の歴史、あるいは地球の歴史の中で、あるいは無限に広がる宇宙の中では一点のような地球の上で、瞬間のような百年以内の人生に、豊かな秩序を思い出して、納得するということで、すなわち自分の生涯を生き甲斐のあるものだったと自覚して、その終結を受け入れることです。これを自我の統合と言っております。人生の最終段階で、自分の存在を、肯定的にとらえること、一言で言えばそういうことです。一九九四年、私どものスタッフがエリクソンに手紙を書きましたら、もうお返事ができるような状態ではないと秘書の方から手紙をいただきました。もうほとんど寝たきりになっておられるそうですが、エリクソン自身、人生の統合のプロセスにあったというわけです。

こういうふうな成熟や発育のテーマが、順調に進展や克服をしてこない場合に、様々な精神保健上の問題が出てくるように思います。不登校の子どもたちを見ていますと、社会的な存在としてクラスの中で人間関係を通して自分の位置づけがうまくいかなくて苦悩していることがわかります。劣等感が強い、あるいはあることに強い優越感を持とうとする子どももよく見かけます。だけど、人との共通的なコミュニケーションができない。本当の意味の自信がない。同世代の仲間に共感的な気持ちが抱けない。こういうふうなことで、いろいろ苦しむわけですが、これまでお話ししてきたような意味での発育と成熟のプロセスが、順調に来なかった結果と言えるかと思います。

ソーシアル・レファレンシング

その他に、ちょっとエリクソンを離れて、皆さんのご参考にと思って social referencing ということについてお話ししておこうと思います。ロバート・エムディというアメリカのデンバーにあるコロラド大学の精神科の教授がいます。乳幼児精神医学を専門としている、その領域では、高名な人です。そのエムディがsocial referencingの感性ということを言い始めました。例えば私たちが社会的なルールを守るのは、何故だろう、あるいは守らない人がいるのは、何故だろうということを考えてみます。一言で言いますと、守る人には、social referencingの感性が豊かに育っており、守れない人には、social referencingの感性が欠落しているのだというのです。このsocial referencingというのは、読んで字のごとくであります。社会的にいろいろなことを参考にしながら、引用しながら、生きていくという感性のことです。

生後六か月くらいから一歳半、あるいはたかだか二歳くらいまでの間が最もよく育つとエムディは言っています。ハイハイとか、よちよち歩きの時期でありますが、子どもが親から離れて、好奇心や探索心旺盛によちよち歩いていく。あるいは、ハイハイしていく。そして見たことのないものに出くわすと、「おやっ！」と思いますね。自分が体験したこともないものや状況に出くわした時に、不安を持って振り返る。その時に自分をフォローしてくれる温かい視線に、いつも恵まれるかどうかということが、social referencingの育ちを豊かにするかどうかということであります。それは怖いから、手を触れてはいけません、それは大丈夫ですよ、手で持って遊んでごらんというふうにです。ハイハイしていったら、その縁側にカブトムシが這っていた。あるいは猫が通りかかった。あるいはよちよち歩いていったら、目の前に水たまりがあった。あるいは角をちょっと曲がったら、大きな人だかりがあった。どんな時でも子どもが未知のものに出くわした時には、不安を感じて、「どうしよう」と思って振り返る。そうした時に自分のことを見守っていてくれる温かい視線にいつも恵まれながら育てられてきたかどうかということだというわけです。好奇心に伴う不安をこのようにして解消されながら、温かい心の眼差しを背中に感じ続けて育てられることが、social referencing の感性を育てるために基本的に重要なことなんだとエムディは指摘しています。

もう一つの側面としては、今度はもう少し大きくなって、二歳近くになってくると、それまでできなかったことが初めてできたという経験をすることがあるわけです。例えば、今までお母さんにやってもらっていたのが、成長するにしたがって、初めて自分でボタンをかけられたというようなことが起こり始めるのです。そのような時にも、子どもは必ず振り返るのです。

今度は先の場合と違って、不安で振り返るのではなくて、誇りの気持ちを持って、「どんなもんだ。僕、できちゃった」というわけで、「見ててくれたでしょうね」という気持ちで振り返ったりあたりを見まわしたりするのですが、その振り返った時に、自分をフォローしてくれる人がいたかいなかったかということがあります。繰り返し繰り返しそういう経験をするのですが、情緒的に共感し合う経験を繰り返してきたかそうでなかったか、情緒的にプラスの経験をするか、マイナスの経験をし続けるか、そういうことによって実はsocial referencingの感性というものが育つか、育たないか、決定的に大きな相違を示すということをエムディは言っています。いろいろな施設で、乳児院や養護施設や家庭や、その他のところで育った多くの子どもたちの追跡を長くやってきて、そういう感性、人間としての重要な感性の存在証明をしたわけです。

子どもが不安を持った時、あるいは誇りを持って人の合意や賞賛を求めようとした時、その不安や誇りの感情を共有し合ってくれるような温かい気持ちや眼差しにいつも恵まれたか、あるいは誰も自分を見守ってくれる人がいないという経験を繰り返して育ったかということによって、社会的なルールをきちんと守ることができるようになるかどうかということが大きく左右されるというのです。社会の一員としての自覚の育ちは、基本的にはそのようなところにあるというのです。

要するに social referencing の感性というのは、こういうことだというのです。社会のルールを守る人と、守らない人がいる。いろいろな程度に……。守る人というのは、自分たちは守り合っているんだという誇りを分かち合う。そういうプライドを他の人々とシェアーできる感性が育てられているということです。守らない人というのは、そういう誇りの感情をみんなと分かち合えないのです。

そのシェアーをするというのは、乳幼児期に自分を見守ってくれた人と共通の感情が育っているかどうかということです。子どもの不安を自分の不安のように……、あるいは子どもの喜びや誇りを我が事のように喜び誇りにしてくれる人に、いつも恵まれながら育てられたかどうかということによって決まるのだというわけです。大きくなってから、その意味を説いて理屈で教えても、そんな感性は身につくものではないとエムディは強調しているわけです。

遊びと社会的人格

ビゴツキーの遊びが育てる社会性というようなことも加えておきましょう。ビゴツキーは古い人です。けれども、子どもの発達について大変にすぐれた論文をたくさん書いています。彼の「遊びと主体性」ということに関する論文を読んだのですが、とても素晴らしいと思いました。こんな一場面があるんですね。

幼い子どもが遊んでいる。電車ごっこをしている。するとその中のAという子が、「僕が運転手をやる」と言ったのです。そうしたら、みんなはそれを承認した。次いでBという子が、「僕が車掌をやりたい」と言った。ところが、今度はみんながそのまま承認しなくて、Cという子が「僕だって車掌をやりたい」と言い始めた。さらにBとCが車掌をやると言うのを見ていた、Dという子まで、「僕も車掌をやりたい」と言った。そこで誰が適任かということで、みんなで議論したのですが、結局くじ引きになった。くじを引いてB君が車掌のくじを当てた。A君が運転手をやるという時には、誰も対抗馬が出なかったのに、B君の時は出た。だけどB君は、くじを引き当てて車掌になった。次いでC君が、「それなら僕は駅長になる」と言った。そうしましたら、最初に運転手をやると言ったA君が、「みんなに聞いておくけれども、運転手と駅長とどっちが偉いと思う？」と、こう聞いたというんです。そこで子どもたちは口々にそれぞれの意見を言い合ったというわけです。中には、運転手をやると言ったリーダー格のA君に、あたかも媚を売るようにして、それは運転手のほうが偉いに決まっていると叫んだ子どももいたというのですけれども、それぞれ子どもたちは自分の分相応、その集まった仲間の中での自分の立場や位置をちゃんと考えながら、主張すべきことは主張するし、同調すべきことは同調するということをやっているというわけですね。

ところがD君というのは、何にもなれなかった。そうしたら、「家に帰る」と言って、帰ってしまった。しかし暫くすると、そのD君がまたやってくるわけです。

そこで、いろいろな問題があるわけですが、かいつまんで申しますと、今度やってきた時には、お母さんが作ってくれたクッキーを紙袋にいっぱい入れて持ってきたというわけです。「僕は、お母さんが作ったクッキーをいっぱい持っているから、レストランをやる」と、こう言いました。そしてさらに運転手や車掌や駅長は、仕事があるから食べに来られないんだと言ったというのです。それで大騒動になったというわけです。けれども暫くした時、その中の一人が「運転手だって、車掌だって、非番の時を作ればレストランに行けるんだ」と、こう言いました。それで「そうだ、どうだ」ということになった。ところが電車ごっこが、いざ始まろうとしても、みんな一向に電車に乗らない、客も乗らないし、運転手も走らそうとしない。この時、ビゴツキーの若い共同研究者が遊びを観察していたわけでありますが、うっかり電車に乗っているうちに、みんながレストランに殺到したら大変だという思いがあって、誰も電車に乗らない。そのうちにたまりかねて、ある子がクッキーを配給制にしてくれないかと、申し出たというのです。それで配給制度にするわけです。数をやっと数えて、一人に何個行き渡るかということをやって、ついに配給制度にする。紙袋の端をちぎって、みんなにチケットを配っている。それで、みんなが安心して電車に乗れるようになるわけです。

ところが、そうした時に子どものまま乗客になる子は誰もいない、最初にある子どもが、「僕は宇宙飛行士だ」というようなことを言った。それはどういうことを意味しているかというと、普段は宇宙飛行士なのだけれど、今日は宇宙飛行士の仕事が非番なので、電車のお客さんになるというわけですね。子どもたちは、さらにみんなが「僕は消防士だ」とか、「校長先生だ」とか、いろいろなことを主張し合って、そしてやっと電車ごっこが始まったという、概ねこんなストーリーなのです。本当に観察したことを上手に書いているわけです。

ビゴツキーと彼の後継者たちは、こういう遊びをたくさん観察して集めて、いろいろな年齢の子ども、たった二人で砂場で遊んでいる情景から、大勢でスポーツに発展していく子どもの遊びまで、様々な情景をたくさん詳細に観察して検討して以下のような結論的な解説をしているのです。

子どもの遊びというのは、好きなことをやりたい放題好き勝手にやっているのでは、決してないのだと。たった二人で砂場で遊んでいる子だって、二人の間にちゃんとルールを作り合っている。すなわち遊びには、必ずルールが発生するものだと言います。そしてルールを守り得る子どもだけが、遊びに参加する資格を得るというのです。

次いで役割を必ずみんなが担い合う、しかも、その役割は仲間の承認を得なければならない。僕が運転手になってもいいだろうというわけです。どういうタイプの乗客になるということまで、みんな仲間の承認を得なければならない。そして、承認を得たら、互いに責任を果たし合うということになります。規則、役割が厳しくなればなるほど、遊びは緊張の強いものになるのは当然です。しかし、その緊張の大きさに比例して感動も大きくなるということを、ビゴツキーらは指摘しているのです。ですから、子どもたちは自分たちの能力や機能に合わせて、ぎりぎりいっぱいの制約をお互いに付け合って、そしてそれを達成するために最大の努力をしている。そういうことがとても不可能な幼い子がいたら、特例を設けて、この子たちはオミソだというふうなことを言って仲間に入れて遊ぶ。いわば福祉的な発想の起源かもしれません。要するにこういう遊びを豊かに経験しておくことが、倫理観や道徳観を育て、規則を遵守し、役割や責任を果たすという社会的ルールを尊重する社会人になるために必要な基礎的要件だとビゴツキーたちは言っているのです。

この種の遊びを十分経験することなしには、健全な社会人にはなれないのです。現実に不登校と言われる子どもたちは、こういう意味での遊びの体験が特に不足していると思います。さらにその上でsocial referencingの感性が育つような乳幼児期の育児を、正確にされていないように思えるケースが少なくありません。エリクソンの言葉で言えば、信頼感から自律性、勤勉さ、アイデンティティの確立というような人格形成のためのテーマを修了していくプロセスを順調に歩んでいないということが言えますし、social referencing あるいはビゴツキーたちが言うような意味合いでの遊びが、うまく消化されていないとも思います。

皆さんはおそらく今申し上げてきたようなことは、子どもの頃何ということなく自然にそれぞれの村々町々で十分にやってきたのじゃないかと思います。十分自然に……。こういうことは、かつては家庭や学校で親や教師が苦労してやったことでは、必ずしもありませんでした。

不登校と言われる子どもたちを考える時に、誰が悪い、これがおかしいというようなことを一面的に言っても正しくないだろうと思います。学校の偏差値教育を批判しても、それだけでは視野狭窄にすぎないと思います。母親の個人的な問題にすりかえることも誤りでしょう。おそらく私がお伝えしたいいくつかの単純な理屈以上に、もっとたくさんの社会的、家庭的な要因に広く気配りをして整理して対応しなければならないことが、たくさんあろうかと思います。

これは、一人不登校の子どもの問題だけに目を奪われては、不登校児の問題も前進しないだろうと思います。しかし子どもたちの心身症にしろ、心因性反応性の病気にしろ、あるいはその他様々な精神保健を揺るがす原因になっているたくさんの問題や関連の現象などが、一連の話のテーマの中に、たくさん存在しているのではないかと思っています。

※本稿は、東京女子医科大学小児科学教室同門会総会（一九九三年五月二十九日、経団連会館）において、著者が、米国ノースカロライナ大学医学部精神科臨床教授に就任したのを記念して行われた講演会をもとにしています。

第2部 成熟と円熟

―成年期から老年期へ―

ここからエリクソンのライフサイクル論を参考に、「大人の精神保健」についてもお話しします。皆さん自身が成人期、壮年期でいらっしゃいますから、皆さんが今をどう生きるかということを、一つ大事なテーマにします。また将来、壮年期、老年期を生きるために、今をどう生きておかなければならないかということが、大事になってくるわけですね。現実には、今を生きるために、乳児期、幼児期、学童期をどう生きてきたら、本当はよかったのかということも言えると思います。また不足があったとすれば、それをどのように補いながら、今後をどのように生きていけばよいかということでもありましょう。もっとも、人間は誰もが理想的には生きられなくて、あるいは育てられてきたわけでもなくて、種々の程度に不足を持って生きているのです。こんなふうに、一つのライフサイクルを考えながら、このお話を聞いていただければと思います。

ちょっと簡単におさらいしてから、本論に入りたいと思います。

乗り越えなければならない発達課題

まず「胎児期」があり、それから「乳児期」があります。乳児期には、子どもたちの中に一つの大切な発達課題があります。エリクソンは、乗り越えなければならない発達上の危機を、クライシスという言葉を使っています。日本語で言えば「発達課題」と言っていいかと思います。乗り越えなければならない危機という言葉は、私たちには、ピンと来ないと思いますが、英語圏の人にはそういう言葉が、きっとピンと来るんだと思います。その乗り越えなければならない「発達上の課題」というのは、「人を信頼すること」そして「自分を信じること―自分の価値を実感すること」だと言っています。これがうまくいかないと、周囲の人に対する不信感を募らせるばかりか、自分への信頼、自信も育てることができないと言いました。

それから幼児期には、前半と後半があります。前半は「自律性」、自分で自分を律するということです。トイレット・トレーニングの例を中心にお話しすることができます。自律性の獲得ということはとても大事で、これがうまくいかないと私たちは衝動の自制がうまくいかなくなり、自分の感情の中に、深い恥の感覚、それから自分という存在に対する一種の疑惑感が大きくなって、自分の存在を正面から快い価値あるものとして受け入れにくくなってしまいます。自分の存在そのものに対する、ある種の疑問、劣等感、自分の存在そのものに恥や恐れの感覚を持つというふうになるのかもしれません。

幼児期の後半は、「自発性」を子どもの中に育ててあげたい。自発性が十分育たないと、子どもの中に一種の罪悪感というものが育ってしまうこともお話ししました。そして、「学童期」に私たちが子どもの中に育ててあげたいものは、「勤勉さ」というものであることも申しました。勤勉さということは、仲間と一緒に知識や、道具や経験の世界を共有し合うことで育つということですね。これがうまく身につきませんと、子どもたちは劣等感を持ちやすくなるのです。誰もが百パーセント勤勉というわけにはいきません。そんなことはありえないことでしょう。周囲の人たちに信頼感を持っていても、ある部分は不信感があります。不信感がとても強い人もいれば、信頼感が非常に豊かな人もいます。

非常に勤勉な人がいても劣等感が全くないという人はいないのです。ところが劣等感のかたまりに見えるほど劣等感の強い不幸な人もいます。できるだけ勤勉さや信頼感が豊かに育つほうに向かせてあげたいと思いますね。

それから「思春期」または「青年期」になります。思春期の発達課題としては「同一性」です。同一性という言葉は、無理に日本語に訳した言葉で、エリクソンはアイデンティティという言葉を用いました。アイデンティフィケーションという言葉をご存じですか。アイデンティフィケーション・カードは身分証明書のことを言います。外国旅行をされた方なら、直ぐに思い起こすでしょうが、どこへ行っても「エニー　アイデンティフィケーション？」と聞かれます。何か自分のアイデンティフィケーション、あなたであることを証明するものを持っていますか、と。パスポートが一番いいわけですが、運転免許証とか、その他の身分証明書等を持っていると、私が私であることを証明することができます。それがアイデンティフィケーションです。それと類似語でアイデンティティとはエリクソン自身の造語ですが、「私は私である」ということです。

少しくだいた言葉で言えば、自分にはどんな個性や特性や能力があって、どんなふうに社会的な役割を負うことができるであろうかという自覚を持つための基本的な発達課題と言っていいと思います。アイデンティティをしっかり持つということが思春期、青年期にとって、とても大切な発達課題ですと言いました。それがないと、アイデンティティの拡散、言い換えれば自分というものがあいまいになってしまうのです。自分を見失ってしまうような状態が、スチューデント・アパシーとか、青い鳥症候群とか、ピーターパン症候群とか、モラトリアム等と言われているのです。こういう症状が、拡散状態にあるということになります。この辺までお話ししました。これから先が今回の話になります。

周囲の人をしっかり信頼する力を身につけることなしに、人間は自立へのしっかりした歩みを進めるということはないということですね。自分で自分の感情や行動をしっかり律することができる子どもをご覧になったら、すぐわかるように、保育園や幼稚園で、自分のことを年齢相応にしっかり自制することができる子どもというのは、人を信頼する力が大きいのです。人を信頼する力が強いということは、親に十分愛されている、自分が望むことを親に十分してもらっているということです。愛されている実感が大きいことは、自分の価値の大きさを知ることですから、本当の自信や安心につながるわけです。だから、自分で自分の身の処し方がしっかりできるようになるというわけです。自分で自分の身の処し方が、しっかりできているから、先生や保育者の周りを必要以上にチョロチョロ、ウロウロ、まとわりついて、「ボクのほうをもっと見て」、「ワタシをもっと愛して！」と言ってくることはありません。保育士さんとも適当な距離をおいて、仲間の中に入って、自発性を持ってしっかり遊ぶことができるのです。

次の「勤勉」さの点で言えば、仲間と道具や、知識、経験の世界を共有し合うことができる子どもになっていくのです。ですから発達課題というのは、それぞれの段階を抜かして先に進むとか、人を信じる力がないのに、自発性の豊かな子どもになるということはありません。残念ながら、勤勉にもなれません。

「どうして自分は怠け者なのかな」と思ってみると、どうも人を信じる力が弱いと気づかれるかもしれません。この発達課題を順序よくたどってみるといいかもしれません。**人を信じる力が大きい子どもほど自信がありますし、自発性がしっかりして勤勉さがあって、自分というものをそれだけ客観性を持って見つめることができるのです。**

「同一性」というのは、自分の行動や考えに対して、あるいは自分の能力や個性に対して、仲間がどのような評価や反応をしてくれるかということを、たくさんよせ集めることによって、いわば客観的に自分が見えてくることです。また自己観察ということですが、自分でいくら自分を見つめていても、見えてはこないのですね。主に思春期に友達とか先生等が、自分をどう評価し自分にどのような反応を示してくれるかということによって、つまり、そういう事実をたくさん集めることによって、自分がどんな人間であるかを実感できるようになってくるのです。自分だけで自分を見つめていても自分は見えてこないのです。

　ですから思春期の若者に自分を評価してくれる、それも肯定的に評価してくれる友達は、絶対に必要なのです。共感し合える友達のいない思春期の若者は、大変な精神的危機状態に陥ります。不登校、拒食症、うつ病などの状態はそういう友達が得られない状態だと思います。友達がいないと、無理やりに友達を見つけようとするようなことも起きます。一種のあがきみたいなものが、暴走族であったり、性的逸脱行為であったりするのです。シンナー、その他の薬品や化学物質を用いたりするのも仲間を得るための行動です。ですから、暴走族が一人でオートバイを乗り回しているなんて見たことがないでしょう。一人で暴走しているということはないのです。シンナーや大麻などの薬物を乱用することも、すべて仲間を求めるための行動なんですね。

Ⅵ成人期「親密（和）性」（23歳～35歳）

相手のために、自分を賭けることができるほどの自己を確立することができるか。
豊かな創造や生産の原動力が養われます。

成人期の発達課題は親密性

　そこでいよいよ私たち自身の課題についての話です。大人になった人たちのための成熟に関する危機的な克服課題です。「成人期」、そして「壮年期」、「老人期」（あるいは老年期）になります。思春期までの発達課題、言ってみれば、同一性の獲得がきちんとできていて、こういう発達のプロセスをしっかり持っていると、成人期は、安定していい過ごし方をすることができるわけです。**そこで若い成年期、成人期の発達あるいは成熟のための課題は何かと申しますと、「親密性」**と言われます。

　こういう時期になって発達課題という表現がいいかどうか難しいのですが、人生を、ライフサイクルを過ごす上で克服していかなければならない重要な一つの課題であり、自己の欲求と社会からの期待や要求との間に生じる葛藤とも言えるので、危機的課題と言ってもいいかもしれないもの、それをエリクソンは「親密性」と呼びました。

孤独は精神保健に悪い

「親密性」というものを豊かに実らせている人というのは、成人期に最も精神衛生がいい健康状態と言えます。これからお話をするような意味で孤独な人は、精神衛生がよくないということになります。成人になって精神衛生のよい状態で生き生きと生きるために、今からお話しするようなことを、少し念頭において考えてくださるとよろしいと思います。ですから、「親密性」の反対という意味で「孤独」というのは、よくないですね。

思春期の「同一性の獲得」というのは、先程、繰り返しお話ししたように、仲間とか、先生とか、知人、友人、そういう人たちが、自分にどういう感想をたくさん寄せてくれるかということによって、可能になる自己の確立というわけです。

その前の学童期の「勤勉」というものの獲得では、仲間と、知識や経験や道具を共感的に共有し合うことが大切だと申しました。一人で塾通いをするなんていうのは、それだけではいくら一生懸命やっていても勤勉な人格を育てることにはなり得ません。ピアノのけいこにいくら励んでも、それのみでは勤勉とは言いません。百科事典を図書館で、いくら読んでいてもそれを勤勉とは言わないし、勤勉な人格を育むものと直接結びつくことにもならないのです。ここでは勤勉な社会的人格を形成する上での勤勉さのことを申し上げたいのです。

学童期に大切な勤勉という発達課題とは、すなわち、社会的人格を形成していく上での勤勉さということでして、それは仲間と知識や道具や経験の世界を共有し合うことによって可能になっていくものなのです。学業のすぐれた人を単純に勤勉だとは言わないでしょう。オウム真理教の秀才たちのことを誰も勤勉な人だとは思わないでしょう。そして、自分の勤勉な人格形成に一役も二役も役割を果たしてくれた、そういう仲間、友人や、先生や、多くの人がその次の段階で、自分に対して、どんな感想を寄せてくれるか、どんな評価をしてくれるか、そういう感想や評価をたくさん集めることによって、自分は、こういう人間なんだというアイデンティティを自覚する。

自分の個性、資質、特性、適性や能力、同時に欠陥や弱点もしっかり見つめて、自分は、こういう社会的役割を負うことができる、だからどのような進路を選べばいいのかということの判断の基盤にしていくための同一性というものを、思春期で獲得するのです。

そういう経過がうまくいっていればそれだけ、次に若い成人期を迎えた時に、新たな発達課題としての「親密さ」というものを獲得しやすくなるということになります。

いつからが成人期か

そこで、何歳ぐらいから成人期で、何歳ぐらいまでを思春期と考えるかといいますと、これは皆さんの自由です。好きなようにお考えください。もうずっと壮年時代や老年期にならないと思ってもいいのです。いつまでも自分は思春期だと思っても結構ですよ。ここからは、もう厳密な年齢による区分はありません。今までは、乳児期は最初の一年間だとか、幼児期の前半の自律性というのは、一歳から三歳くらいまでだとか、幼児期の後半の児童期は、三歳くらいから五、六歳くらいまでだとか、学童期は小学生の頃だとか、思春期は中・高校生ぐらいとか、それぞれおおよその目安を決めました。

ここからは、自分で決めてください。そういう気持ちで生きるのもいいと思います。最後の一日だけが老年期というのもそれでかまいません。その代わり、それぞれその時期の発達や成熟の課題を、とっても大事にしていただきたいと思います。

親密性は自己の確立から

親密性というのは、人と人との間の親密さのことです。相手の人と親密にすることです。人々と親密にするということですが、お酒を飲んでワイワイさわいでいるというようなものを親密というのではありません。それも大事ですが、誘われてもいつも付き合わない、これも親密とは言えないかもしれません。誘われるたびに、いやと言えなくて付き合っていても、これも親密と言えるかどうか。要は、親密ということの前提には、自己の確立が必要になってくるのです。**本当に他者と親密にするためには、自己の確立がしっかりしていることが大事です。**そして相手も自己の確立がしっかりしていて、そういう間で結ばれる人間関係の営みこそが、本当の親密さなんです。どんなに親しくしていても、相手が気がねをしたり、呑み込まれてしまったりするような遠慮や恐れがあるようでは、それは親密とは言いません。

会社に勤めている社員は、社長とは親密になれないし、なりにくい。何故かというと、相手に呑み込まれてしまう心配があるからです。こういう関係は、立場上お互いに、対等の個の確立ではありません。例えば、皆さんが、知事や市長の前に出た時、投票権はこっちにあるんだから、こっちが優位と思うかもしれませんが、実際にはそうとは思えないでしょう。自分の一票ぐらいじゃ、どうにもならないと思うかもしれませんから、相手に呑み込まれてしまいがちになります。こういう関係では親密にはなれません。

自己の確立ということをしっかりして、他者と親密な関係を結ぶ能力、これを親密性と言うのです。個の確立がしっかりして、この成人期の本当の親密さがある。エリクソンのこの解説を皆さんが書物でお読みになっても、ちょっと理解しにくいところがあると思います。

エリクソンは、相手に呑み込まれてしまうような不安をなくして、接することができる親密さだとも言っています。それを、ある種の逆説的な、比喩的な表現でこういう言い方もしています。つまり、「相手に自分を賭ける」ことができるというのです。自分を失ってしまっても、なおかつ自分を失わないほどの自己ができていることだというのです。アイデンティティのしっかりしている状態だと言えます。

自己の確立と結婚

これを一番典型的な関係で言うと、結婚を決意する時の状態が想定されます。結婚というのは、自己の確立がまず必要です。エリクソンはそう言っています。ところが最近、自分という個の確立がないまま結婚してしまう人がいます。だから、直ぐに破局を迎えて、次々に相手を替えて何人とも結婚したり、同時に三人や五人ぐらいの人と結婚生活に近いことをしたりと、いろいろな人がいるようになりましたが、成人期の親密性の最も典型的な関係は、やはり安定した結婚生活の状態だと言えます。お互いに確実な個の確立がある。そして、相手に自分を賭けることができるほどに親密であるというものです。自分を賭けるというのは、自分というものがあるから賭けられるのです。ところが自分がないのに、賭ける人がいるのです。これは、本当の結婚とは言えません。一緒の家に住んでいれば、結婚だというのは、本当の意味での結婚ではない。籍を入れれば結婚で、籍を入れなければ結婚ではない、ということではないでしょう。

有名な例で、サルトルとボーボワールは、結婚以上の結婚をしていたと思います。でも入籍はしていなかったのです。結婚というのは、相手のために自己を賭けることができる状態で、呑み込まれてしまう心配を持ちながら、呑み込まれないでいる。こういう状態をいっています。

本当の意味で自分を失ってしまうかもしれない自分の弱さがある。しかし、アイデンティティは、しっかり確立されていなくてはならない。ですから、自分が相手に対する不安を持っていれば、賭けることができません。相手に対する不安があれば、終結できないのです。

幼児期の前半の発達課題としての自律性をトイレット・トレーニングで表現したのと同じように、結婚は、若い成人期の熟成主題である親密性を表現するのに一番、典型的な例と言えます。

成人期は、あらゆる人間関係が、個の確立を中心にした親密さを持って、自分を賭けることができるほどに信頼できる人を得ることができた時、生き生きと輝いて生きることができるのです。

その親密な人間関係の最も典型的な例が結婚だと言っているのですが、結婚した相手とだけが、親密なわけではないし、職場や学習の場における人間関係も同様ですが、要は、自己の確立＝アイデンティティがしっかりしていなければ、相手に呑み込まれてしまうという心配があるということです。そして、自己がなければ、自分を賭けることができないし、相手に対する信頼感がなければ、自分を賭けることができないということです。

ですから、自己の確立がない人ほど相手を吟味しないで、いわばいいかげんな結婚をしますから、親密の度合いも薄くなります。自己の確立がしっかりしていない分だけ、相手に対する吟味もいいかげんになりますから、親密さの度合いも薄くなりがちです。それは薄い状態で人間関係を営む、あるいは性関係に片寄った、あるいはそれだけの人間関係に陥るということになります。

自分を映す鏡である親友

親密さというのは、僕の親友は誰だとか、親しい交友があるとか、友人がたくさんいるといった場合に、それぞれの人間的な個人の確立がしっかりしていればしているほど、相手を見る見方もしっかりしてきます。そして、相手もしっかりした個の確立を求めるものです。これが、本当の意味で、成人期の親密な人間関係ということになります。そのように、自分というものをしっかり確立し、相手に呑み込まれてしまう不安感を最小限にし、なおかつ、自分を賭けることができるような相手を見つけることです。これは友人であろうと、結婚する相手であろうとみんな同じです。そういうつながりのある人間関係をたくさん持つことが、成人期のとても大事な発達課題であり、人生の課題だというわけです。

このように人間の発達や成熟には、段階や順序があって、アイデンティティ(自己の確立)がしっかりして、初めて親密な人間関係が可能になるのです。

ところが現代社会では、そういう友人がだんだんできにくくなっているのです。そういう友人を得ること、そのような職場での上司や同僚に恵まれること、そういう恋人や配偶者を持つことが、成人期に精神衛生をよく保って、健康に自己実現しながら生きるために、とっても大事なことだというのに、そういう生き方をすることが困難になりつつあると思います。そういう人間関係が得られない人は、非常に孤独で不安の大きい生き方をしなければならないのです。

一九九五年、国際児童青年精神医学会が京都で開催されて、アメリカ、カナダ、英国、フランス等世界の各地から多くの専門家が出席していました。子どもについて、いろいろな話をした後、パーティーがありました。その席上で、あるアメリカの児童精神科医と話をしていましたら、アメリカで子どもたちが、自分の両親と十五年間一緒に生活できる確率は、五〇パーセントだと言っていました。ニューヨークなどはもっと確率が低いようです。とにかく、全体の半分ぐらいの子どもが、せいぜい長くて十五歳までしか自分の本当の両親と一緒に生活することができない。つまり、両親がすぐ離婚してしまうのだそうです。

現代人は、本当にそういう意味での親密性のある人間関係が営みにくくなっています。結婚だけでなく、友人関係もそうです。単に、離婚が悪いというのではありません。失敗もあって、やり直しをするということは悪いことではありませんが、絶えずやり直しをすることは問題です。一回や二回のと言っていいかどうかわかりませんが、失敗が悪いとは言いません。ただ、離婚の多い社会というのは、友人関係も含めて、あらゆる人間関係が非常に希薄で、アイデンティティの乏しい成人たちが住んでいる社会だ、ということが言えます。未成熟で孤独な人が多いのです。孤独な人が多いために、そういう社会では孤独を紛らわすような職業がいろいろ増えてきます。

孤独と性

孤独を紛らわす職業というのは、孤独でないような錯覚を起こさせる職業です。あまりいい職業ではありません。人間の正常な感覚や感情を少しマヒさせてそういう感じにすると言っていいかもしれません。そういう意味では、性的な人間関係の問題が心理的な深い意味合いを持って成人期に実現します。相手に賭けるというより溺れてしまって、初めから自分というものを見失っているというよりも、自分をしっかり持たないままで、ただ本能的で衝動的に行動してしまう性的な関係が人間関係の主流をなすような状態で、次々に、あるいは同時に何人もの異性との関係を繰り返すような生き方になってしまいがちです。自分を見失ってもいい、この人に賭けてみよう、ということは、自分というものがしっかり確立しているからできるわけで、この辺の感覚はちょっと理解がしにくいかもしれません。でも、だいたいおわかりいただけると思います。自己の確立がしっかりしていなければ、理解できないかもしれません。アメリカでも日本でも、世の中には、親密でない性関係が氾濫しています。そういう男女関係を繰り返す人は、非常に孤独なんだということです。

自分を無にして相手に関わるということをお話しするのに、最も象徴的な題材として幼児のトイレット・トレーニングがあります。親が自分を無にして子どもに関わるからです。これと同じように自分を無にして相手と関わり合う典型的なものは、性関係だと言えます。**自分を無にして関わるためには、無にして関わるべき自己がなければならないのです。**初めから自分がないようでは、無にすることはできません。今日ではそういう人がいっぱいいます。

そういうことの象徴的な出来事として、私の先生で元東京大学精神科助教授の上出弘之先生は、ある時私にこう言われました。「今、若者の世界では、性非行という言葉がなくなってしまった。性非行という言葉が、ほとんど死語になった」と。

私が、どういうことを意味するんですかと聞きましたら、「例えば、我々は空腹の時、おなかがすいたからパンを食べる、ご飯を食べる。それと同じように、性的な欲求があるから同じ欲求を持っている異性の相手と性交渉をする。

それを非行とは、もう言わなくなっている」ということでした。お腹がすいたから、パンを食べるのと同じように、あるいは、それにきわめて近い感覚でもって、今の若者たちは、性的な行動を起こすということなのです。

けれど、お腹がすいたからといってパンを盗んで食べたら泥棒になります。その時に初めて、非行と言われます。だから同意の得られない相手を強姦すれば、それは非行ということです。かつて、不純異性交遊とか性的逸脱行動といったことを、非行という感覚でこちらが彼らに会うと、全く意思の疎通ができないというのです。ですから、現代の若者たちは、エリクソンが、かつて大人の性関係に象徴した、人間の本当の意味での親密さとは、およそ違う感覚で相手と性的関係になる。ちっとも親密でもなんでもない。今日関係した人とは違う人と、翌日関係ができるということにもなるのです。あるいは、一週間とか一か月付き合った人とは別に、次の週や月には違った人と性的に付き合うことになる。これは、個の確立がしっかりする前の関係です。新婚旅行中に離婚を決意するという方が増えているそうですが、象徴的な例でしょう。

上出先生のお話を、私は時代を理解するのに非常に意味深いと、感心して聞いていました。無にすべき自分がしっかり確立していることが大事です。性的な関係というのは、瞬間瞬間自分が無になるけれど、無にしてもなおかつ失わない自分が存在するという自己への信頼感がなければ、本当の意味での親密な大人の男女とは言えません。親密さというのは、そこまで行けば理想です。相手に呑み込まれてしまってもいいと思うほど親しい、そしてなおかつ、信頼のおける相手、自分が恐れを感じないでいられるような友人を持っているでしょうか。そういう友情とか、相互信頼のある人間関係はだんだん、少なくなっているのが現実だろうと思います。

真の友人とは何か

エリクソンを勉強しながら、私はある時ふと思いました。評論家の小林秀雄の書いた本の中に、河上徹太郎やその他、丹羽文雄などいろいろな友人が出てきます。非常に親しい友人の一人の河上徹太郎のことについて、「河上徹太郎はよく私のうちに遊びに来たものだが、非常に気を許せる友人である。なんら気兼ねしない、いい友人だ、まさに親友だ。彼は会いたくなると勝手にやって来る。縁側から『おーい』と言ってやって来るが、自分が仕事をしていたければ彼の訪問には関係なく仕事をしていればいいし、ちょうどいい奴が来てくれたから休息でもしよう、雑談でもしようと思えば雑談すればいいし、したくなければそのまま黙っていれば、彼もそのまま黙って縁側に座って庭の木を眺めたり、『奥さん、お茶を一杯、いただけませんか』と、勝手なことを言ったりしてくつろいでいる。そして、彼は自分に都合のよい時間の間に、こちらが終わらなければ『じゃ、また』と言って帰っていく。そして、その後に何ら気まずさが残らない。会いに来たければ会うし、相手と約束したり、『仕事の都合はどうだい』と聞くようなことは一切なく、だめならだめでいいし、そこにいたいだけいてもいいし、上がりたければ上がってくるし、縁側にいたければ縁側に腰をおろして庭を眺めているし、お茶の一杯も欲しければ『お茶を一杯ください』と言っている。本当に親しい友人だ」と、あるエッセイに書いています。

そして、この小林秀雄について、丹羽文雄が、ゴルフ仲間として書いています。毎週、鎌倉カントリークラブだったと思いますが、作家たちが集まってゴルフをする習慣になっていました。小林秀雄はゴルフが下手で、丹羽文雄は非常に上手い。ゴルフをする人はご存じでしょうが、ハンディキャップがシングルと言われるくらい上手だそうです。余談ですが、その丹羽文雄の言葉によると、あんなにたくさん教えたのに、ちっとも進歩しなかったのは小林秀雄だけだというくらい、小林秀雄は上達が遅くて下手だったそうです。ところが、プレーそのものは誰よりも一生懸命だったというのです。そしてそればかりかプレーを楽しんで帰宅したあと、ふと、プレー中のことを思い出したりして、夜中でもかまわず電話をかけてきて「おーい、ああいう時はどう打つんだ」と聞いてくる。そんな時、丹羽が「今日は、ちょっと疲れている」と言うと、「また」と言って簡単に電話をきる。だからといって遠慮して、翌日電話をかけてこないなんてことはない。相手の都合が悪そうだと思えば「じゃ、また」と言ってすぐ電話をきる。何の気まずさも残さない。こういう関係を本当の親友だと思う、というようなことを丹羽文雄は書いていました。

私がこの文章を何で読んだかというと、作家が亡くなった後、文芸雑誌の追悼号が出版されますが、そこに友人だった作家たちが思い出の文章を寄せているのを何冊かで読んだものです。河上徹太郎が最初に亡くなり、小林秀雄が次に亡くなりましたから、河上徹太郎が小林や丹羽について書いたものは知りません。そういう文章の中に彼らのまさに親密な人間関係の典型を感じます。

こんな時に、こんなことを勝手に言ったら、相手はどんなふうに受けとめるかわからない。いろんなこともあるかもしれないけれど、それでも平気で言ってみる。互いにそれぞれの自己の確立というものが非常にしっかりしていますから、まず相手を信頼する。そして自分も言いたいように言う、やりたいようにやってみる。それでお互いに侵されることがない。失うことが結果としてはない。こんな状態の人間関係は、なかなかないでしょう。他人行儀の付き合いでは、とてもこうはいきませんし、職場の同僚とか、学生時代の友達とか、いとこ同士とか、兄弟だって、なかなかこうはいかないでしょう。

今は、百円の貸し借りだってなかなか大変でしょう。でも、できるだけこういう親密さを持った友人や知人、同僚や上司、恋人、配偶者を得たいと思いませんか。そういう人と家庭生活をしていたとしたら、これは、家の中でくつろげます。こういう友人がいたら、互いにどんなにか精神保健がいいかと思います。こういう親密さのことを言っています。いつも「酒を飲もうや」と集まってきて、自由にカラオケを歌って帰る。これだけでは親密さとは言えません。でもこんなことさえもなければもっとひどいものですが。

いずれにしろ、若い成人期に、非常に親しい友人や知人を得ることはとても大事なことです。そうなるためには、繰り返しになりますが、何をおいてもアイデンティティとしての自己の確立が前提として大事です。そういう自己の確立というのは、乳児期の基本的信頼から、自律と自発性や主体性、そして学童期からの勤勉性という経過を経て可能になってくるということです。人間一人ひとりの歩みには、誰にも完全とか理想的というものはなく、みんな種々の程度に不十分で不完全なものですから、いろんな程度に苦悩しながら生きていくのです。

それまでの発達課題を順調に克服してこないと、その分だけ危機的な状況に陥ります。この時期の危機的状況というのは、自分を失う恐怖のことです。相手に拒絶されたら、もう自分は立場がなくなってしまうということです。だからそれに類した不安や恐怖を予感するような対人関係には入り込まないで、絶えずいろんな人との心理的な距離をおいておくこと、これが親密さの反対の孤独というものです。当たり障りのないことばかり言っている、表面的な付き合いしかしない、表面的な挨拶しかしない、または、それさえもしない。これが一番孤独で精神保健に悪いのです。相手に近づいていかない。相手に気を許せない。拒否された時、拒絶された時に、自分を失ってしまう。あるいは、相手に呑み込まれてしまう。自分を見失ってしまう。こういう恐れに支配された状態のことです。個人としての確立があれば、対人関係は不安定ではないわけです。

例えば、この例が適切かどうかわかりませんが、ある高名な人にでも会いに行くような場合、相手に呑み込まれてしまう不安から、心理的にあんまり近寄らないものです。対人関係をほどほどにしておく、心理的な距離をおいておく、これはそんなにおかしいことではないかもしれません。ですが、個人の確立があれば、相手に拒絶されても自分を失ってしまうようなことはなく、自信をなくしてしまうことはありません。個の確立があれば、その人に言いたいことを言えるかもしれません。

愛されて強くなる、個が確立する

私的な例で恐縮ですが、私の家内の父親、私の義理の父は、小学校に通っている時、学校から帰るとお母さんのおっぱいを吸っていたという人です。飛騨の高山の当地で有名な話だそうです。今もって有名な話で、もう九十歳近くなっています。乳児期がずっと長かったみたいなものです。母親に溺愛されて育てられたと思います。そのための人間的な欠陥はあるかもしれませんが、個の確立は大変しっかりしたものです。実にしっかりしています。第二次世界大戦中に、〝戦争反対〟を堂々と言えた人です。そのために教師の職を失いました。そして、官憲に絶えず尾行されたり、あちこち転居しても、家の周りを絶えず監視されたりしたそうです。投獄されることもいつも覚悟しておかなければならなかったでしょう。

当時の思想犯とか政治犯と言われた人たちは、いろんなことで自己を見失わない強さがありました。第二次世界大戦中に反戦なんてなかなか公言できません。義父は高等学校の先生でしたが、朝礼で「自分に赤紙がきても戦争に行くかどうかわからない。多分行かないと思う」と生徒の前で言ったそうです。ですからもちろん教職を追われました。当時としては命がけでもあったと思います。それでもそういうことをきちんと言える人でした。「今の戦争に対して生徒にこういうことを言っておきたい、それぞれが個人の問題として考えて欲しい」ということを訴えている。それは、小学校へ入っても、お母さんのおっぱいにぶら下がっていたような、発達課題を過剰なくらいしっかりやったからだと思います。そういう意味では個の確立がしっかりした人だなーと思います。反戦は思っていてもなかなか言えるものではありません。とても怖いことです。命がけだと思いますが、はっきりと自分の意見を言える人でした。うらやましいくらい親密な友人をたくさん持っていて、孤独でない人です。

連帯と価値の生産

自分を失ってしまう恐れがないという対人関係は、本当に豊かに営めるのです。対人恐怖症という人は、自己の確立が弱く、同一性の確立が拡散の状態にある人です。そして本当に重症の場合には病的な孤独に陥ってしまう。成人期の親密さの豊かな人との交わりというのは、単に社会的な対人関係という意味だけのものではなく、反戦というような意味合いでお話ししましたが、価値観というような意味でも、あるいは思想的な意味でも、あるいは社会的な生産に従事していく上でも、社会的に価値を共有することが前提として、非常に大事なものです。社会的な生産というのは、自動車などを生産することや精神的文化を生産すること、子どもを育てることなど、この地球上に価値を生み出すという意味で、広い意味の生産です。

成人期の親密さという意味では、先程は個人と個人の関係を非常に強調して、例えば成人の結婚を例にお話ししましたが、個人の確立ということは、個人の価値観の確立とか、思想の確立とか、生産技術の確立とかということも重要なわけです。繰り返し申しますが、生産性とは、物質的なものを生産することだけではありません。詩、音楽、哲学などを含めて精神的・心理的なものの生産も含めてですが、そういうものを生み出す場合においても、少なくとも特定の周囲の人との社会的に親密な交わりがあるのです。

例えば私ごとで言えば、同業の精神科の医者に対しては、ある種の親近感と共通の価値観を持ち、他の精神科医も本質的には自分と同じようなことをしているであろうと思います。だから日本国中の精神科医とのある種の連帯感みたいなものが持てます。ですから学会に行って、出会う相手一人ひとりの個人的なパーソナリティを知らなくても親しく話ができるわけです。学会である人がある種のリポートをされた。なるほどなと思った。発表された中身だけにまず共感して、そしてその人とロビーなどで、さっきのリポートについて親密に話ができる。その時にこちらがある種の価値観とか、技術とか、知識とか、経験とか、しっかり個としてのものを持っていれば、相手に呑み込まれてしまう心配がないから、安心して相手の人間性や権威などを考えないで話し合いができるのです。

皆さんが、保育学会とか、保育士学会とか、いろいろな会に出席された時に、全く知らない人に、同じ仕事をやっているとか、同じ価値観を持っているとか、あるいは相手の価値観は知らないけれど、自分はこういう価値観で仕事をしているという自覚や認識が、しっかりしていればそれらのことで、相手が初めて会った人でもある程度話題を安心して共有することができるでしょう。それなりに親密な人間関係を営むことができると思います。そういう経験がありでしょう。これも成人期に重要な親密さということです。ですから皆さんが保育学とか、育児学とか、あるいはそういうことを通じた人間学とか、社会的な価値観とか、思想とかを持って個がしっかりしていれば、多少思想や価値観が違っていても、同じような領域で、ある種の連帯的な仕事をしている人たちとは、安心して親密に交わることができるということです。

そのことが極限的に現れるのが男女の結婚の時の人間関係です。けれどもそのほかの場合でも、自分の個の確立がしっかりしていればいるほど、つまり、価値観とか思想とか経験とかというものを踏まえて、こちらがしっかりしていればいるほど、相手に呑み込まれる心配を感じないで、吸収されていく恐れを感じないで、また排除された時、自分を見失ってしまうかもしれないという予期不安を感じないでコミュニケーションでき、親密な話し合いができるのです。そういうところまで発展的に考える成人期の親密さが大切で、恋愛や結婚の相手とだけ親密にできるということではないのです。このようなことは、日常的に身の回りにいる人たち、近隣の人々や職場の同僚たちなどと親密な人間関係を維持していく可能性につながるわけでしょう。

そういう意味では安心していろんな人たちとコミュニケーションできるとか、

親しく人と付き合いができるということは、個人的な自己の確立がしっかりしていなければできないし、ものの考え方もしっかりしていることが必要なのです。自分は、こういう人間なんだ、こういう価値観を持っているんだ、こういう理想を持って生きているんだ、ということをしっかりすることが大事なのです。そうすることによって周囲にいるいろいろな人たちと、今お話ししているような意味合いでの孤独から、逆の方向の親密な人間関係を営むことができるのです。

いろんな人たちと親密になる、親しくなることは、青年期、成人期の生きる課題だと言ってもいいと思います。そのことが、自分たちの生きている地球上の社会に、価値を創造するための前提や基盤になるからで、人間として生きるための生き甲斐になるはずだからです。

再び、孤独にならないように

健康な精神保健、精神衛生は、健康な状態で生きるための条件や、いろんな人と親密になれる条件を自分の中に作っておく、そして、親密な人間関係を営みながら生きることです。近所の人とか、職場の同僚とか、兄弟とか、学生時代の友達だとか、必要ならば、そういう人との人間関係を復活することもできるし、思い出してもらうこともできるし、現在、営んでいる人たちとの関係を深めることもできるということです。そういうある種の目的意識を持って生きるということは、とっても大事なことです。そういうことを忘れていきますと、人間は孤独になっていきます。孤立していきます。孤独ということが人の精神衛生を徐々に、そして際限なく悪くします。そのために人間はしばしば、衝動的になったり、攻撃的になったりします。精神衛生がよければよいほど、そういう人間の不幸な本性や特性は、ある程度、抑制できるのです。

しばしば私が例に挙げますように、衝動買いというのは孤独の裏返しだとよく言われています。買物に行って、目的のものが見つからないと、全然違うものを買ってしまったなど、そういうことをやりすぎる人は、大いに反省してください。どうしたら衝動買いをやめられるか、周囲の人と深い交わりをすることです。深い交わりというのは個人の確立がなければできません。だから幼児期に親友なんていないわけです。小学校の低学年でも、本当の意味での親友はいません。だんだん個人の確立ができるにつれて、真の親友ができていくのだと思います。

ところが最近は、いくつになっても個人の確立ができなくて、親友ができない大人がたくさんいます。自分の身近にも、もしかしたら一人二人いるかもしれません。大事なことは、できるだけ人と親しくすることです。こういう意味での親密さが土台になって初めて、成熟して健全な家庭生活を営む能力が出てきます。家庭も、育児も、夫婦関係もそうですし、地域社会における近隣との共感関係もそうです。こういう個の確立、こういう両親の親密さの成熟を土台にして初めて、家庭というものが形成されるのです。そういう家庭に子どもが生まれてくるのが理想です。そうした成熟した家庭の中に子どもが生まれないために、どのくらい児童精神科医が多忙な思いをしているか、その事例はまたの機会にじっくりお話をしたいと思っております。皆さん、くれぐれも孤独にならないようにと思います。

Ⅶ　壮年期　「世代性」（36歳～55歳）

前の世代の文化を引き継ぎ、自分の時に新たな創造を加え、次の世代にゆずり渡していくことです。

親から学び、自分で考え、子どもに伝えていく喜びがあります。

成熟のテーマは世代性

まだ「思春期」と思っていらっしゃる方は別ですが、「壮年期」のこともお話しいたしましょう。壮年期というのは何歳からというきまりは全くありません。人生長くて五十年の時代と七十・八十年の社会とでは壮年期は違ってくるでしょうし、七十・八十になっても壮年期と思わないで、若い成年期だと思っている人もいるでしょうから、いつから壮年期というのは自分が決めればいいとさえ思います。私自身は、もう壮年期だと思わざるをえません。若い「成人期」としておきたい気持ちは山々ですが、もうすっかり壮年期になってきたなと自分で思っています。それどころか、もう「老年期」に入っているとさえ思います。

ところでその「壮年期」の成熟のテーマですが、エリクソンは「世代性」という用語を提言しています。世代性というのはどういうことかというと、今の時代に生きているだけではないのです。**次の世代をよりよく生み出そうとする、その役割を負うということです。**次の世代のことを余り考えないで生きているうちはまだ若い成人期です。自分の時代や世代を生きるための親密性でいいのです。私もそんなに責任感を感じて次の世代を考えているわけではありませんけれど、やはりこの年齢になりますと、次の世代のこと、世代性というものを自覚します。自分より先人たちの生き方に学び、自分の世代を生きて、次の世代を考える、これが世代性だというわけです。あるいは次の世代を作る役割を負おうとする。しかし最後までそういう気持ちにならない人、例えば最後まで好き放題生きようとするような人は未熟だと言えます。これは本当にそうなんです。あんまり早くから壮年者の意識を持つ必要はないですが、早くから壮年になろうなんて考えすぎることも寂しいことですが、ある時期から次の世代のことを考えて生きることは大事なことです。

ところが現代人は幾つになっても次の世代の人たちのことをあまり考えないで生きる傾向を強めているように思います。親密性というところをしっかり経てこなければ次の世代の人たちのことをしっかり考えて生きることができるようにはなれないのです。このエリクソンの臨床的な学説は、本当に素晴らしいと思います。親密性という時代を経てこなければ、次の世代なんか考える人間にはなれないのです。発達や成熟のための課題というのは、前の発達課題をクリヤーして次の課題にいくわけですから、若くして次の世代を考えながら生きられるなんて責任感のしっかりした人がいたなら、本当に早熟にどんどん生きてこられたということですね。次の世代に新しい希望を見出しながら生きる。あるいは次の世代を憂えるなんてことになったりしたら、その憂いを少しでも解消できるように、積極的な努力ができるような生き方ができるようになったら、もう十分親密性ということを満喫したという生き方をしてきたと言えるのかもしれません。逆説的にそう考えることができると思います。

若さと老い、発達と未発達、成熟と未成熟などの関係で言いますと、年齢的な若さと発達や成熟の問題は別であることが理解していただけるでしょう。年齢は若くても、人格的にはしっかり成熟しているということはよくあることです。もちろんその反対もあります。

もっと具体的なことを申し上げますと、大学生でも幼児期に当たるという人は、いっぱいいます。幼児期のトイレット・トレーニング時代の問題を、大学まで延長して引きずっているなどということもあるんです。トイレット・トレーニングの人間関係、親子関係が、大学まで続いているのです。例えば、大学生でも弁当をさげてお母さんが入学式に同伴してくるなんていうのは、まさにそれに近い場合があると思います。トイレット・トレーニングをやっている親子関係と変わらないのです。大学受験に失敗した息子を塾へ送り迎えしている、そういう親子関係、母子関係などいろいろあるでしょう。

次世代への懸け橋

次の世代に役割や関心を持つことについて、こういうふうに考えてもよいと思います。次の世代に対して大きな役割を負えるか負えないか、これはわかりません。自分で負っているつもりでも、本当に負えているかどうかはわかりません。でも、重要なのは次の世代に関心を持つかどうかということです。もちろん、役割を負えれば理想的です。自分の世代や時代のことだけ考えて生きているのではなくて、次の世代への関心を持つこと。子ども時代には絶対にありえないです。子どもが次の世代のことを考えているなんて絶対ありえないでしょう。ところが大人でも、ずっと考えない人がいるわけです。役割を負う、負わないではなく、次のことを全く考えない、眼中にない、というような人もいるわけです。画家など芸術家の中には、時々そういうふうに思える人がいます。その時代その時代の創造に全身全霊をこめて集中するということは、そういう生き方になるのかもしれません。

そういう人でも、次の世代のことを全く考えていないわけではないでしょうけれども、会ってみれば非常に憂えていられるかもしれないし、いろいろ考えていられるかもしれません。次の世代の芸術や文化を考えていられるかもしれません。はた目には、もう自分の世代で地球がなくなってもいいように見えるくらいに、利己的ということと紙一重に思えるほどに個人的なやり方で少年時代や、青年期を生きていられるのかもしれません。

実際は自分たちより前の時代を生きた人たちの生き方や文化を学び、自分の時代を生きて、次の世代への関心を深めるというのが「世代性」を生きる生き方でして、それが「壮年期」だというわけです。ですから、孫の時代になって自分の子どもたちや孫たちの社会がいったいどうなってしまうのだろうといった心配が始まったら「壮年期」です。何をするかしないかよりは、そういうふうに関心を持ち始めたら「壮年期」です。その時期の本当の課題というのは、次の世代のために仕事をするということで、それができたら、そういう仕事をしたいという気持ちになれたら、これは「壮年期」としては最も健全な、幸福な精神衛生のいい状態で生きられることになるんです。

ですからお孫さんのお守りは、次の世代のためにいいのです。ところが今は、なかなか孫のお守りをさせてもらえません。だから老人は孤独です。孫の子守りなど、こんなにも創造的で生き生きと次の世代に関われることなんかないのですから非常に素晴らしいことなんです。まあ孫のお守りだけが最高だとは言いません。最善だとは申しませんが、次の世代のために、いい仕事ができるというのは人間の精神の健康のために、非常に大事なことです。

前の時代に学び、今の時代に生き、次の世代を思う。「世代性」とは一言で言えば、こういうことです。それは、自分で子どもを産んで、過去の育児や教育の方法を学びながら、自分の時代に子どもを育て、次の世代に引き渡していく。こういうふうに次の時代のために子どもを残していこうという気持ちで育てられたら、これは次の世代に関わっていることになるわけです。次の世代にこういうふうに深く関わりたいからというのに、自分の子ども一人の幸せを考えていたら、これは次の世代を広く大きく考えていることにはならなくなります。この子たちが、どういう社会を作ってくれるようにという子育てができたら、これはたいしたものです。これが大事なのです。本当に「壮年期」を生きていることになります。他の子どもはどうでもいい。自分の子どもがいい大学に入って、いい会社に入って、幸せになればいいというふうなことをあからさまでなくても思っているようでは悲しいです。子どもをつくって、子どもを育てて、その子どもが、今度作る社会に重大な関心を示すような育児がいいわけです。逆の場合は、どんなに手厚く子どもを育てても、それは産みっぱなしと同じことなんだというのがエリクソンの思いです。

その子どもたちが作ってくれる次の社会を深く考えながら、子どもを育てるというふうになったら、これは素晴らしいですね。どんなにあがいても、個人の力では次の世代や社会を変えることなどできないでしょうけれども、そこまで思いを馳せながら子どもを育てることが大事だと思います。そして、そういう営みができればできるほど、それが精神衛生に非常にいいはたらきをするということですし、より健全な「世代性」を生きているということになるわけです。産みっぱなしとか、使い捨てというのと同じような風潮が、現代社会の高度機械文明、高度経済成長の社会の中にはあるということをエリクソンを学んでいて、私もそう思います。

自己愛にならないで

ところがこのように世代的な関わりができない場合に、人々はしばしば自己愛的に生きると言います。次の世代を考えないで生きる。自己愛的な生き方、自分だけを愛するナルシズムです。先にも触れたように、一部の芸術家などにもありがちな生き方だと思いますが。

そういう意味で次の世代とか他人との深い関わりのない世界で、自己愛的に生きると人間は退廃を生むことになりがちです。昔、退廃的な文学の流れ、「デカダンス」という風潮がありました。自己愛的な私小説で、破滅的に自分の生活を描いているのです。坂口安吾とか太宰治とかいう作家のことをそう言いましたね。次の世代のことなんか考えていないように見えるのです。太宰治は自殺してしまいました。坂口安吾は「親があっても子は育つ」と言ったそうです。普通は「親がなくても子は育つ」というところを、坂口安吾は反対のことを言うわけです。では「親がいなかったらどうするんだ」と問いかけたら「育つに決まっている」と答えたそうです。というのは、親が子どもをずいぶん歪めてしまうということを、あの時代に感じていた人で、将来に対する不安を予言したのかもしれません。親がなければ、もっとちゃんと育つのに、この子たちの親はいったいどんな親なのか、と思うような親がいるということでしょう。坂口安吾は、なんともいえないいかにも「デカダンス」と言われる退廃的な文学活動をやった人に見えますが、世代性を生きる姿勢をどこかに持っていた人なのかもしれません。

退廃文学の作家たちが次の世代ということを考えないで生きたかどうかということは、本当のところ私にはわかりません。私には、現在の日本のその辺の注釈をする能力はありませんが、エリクソンは、同時代のアメリカのことを、ある種の世紀末的な退廃の風潮がある、と言っているわけです。各人が自分のことしか考えないで刹那的に生きていて、過去、現在、未来の人たちと共感的な生き方をしようとしないし、退廃的な性も氾濫しているというのです。そういうふうな退廃的な世紀末的な風潮の中では、本当の「壮年期」の人生を完結しようとする人たちの生き方が、ちゃんとできにくい社会になってしまったことによるところが大きいのではないか、と私は思います。アメリカばかりか、日本もそうだと思います。そういう時代だからこそ、私たちは次の世代を思う気持ちを確かに持った生き方を「壮年期」になったらしたいと思うわけです。

次の世代を深く思えるように、それに対して大きな役割を負えるかどうかはわかりません。次の世代に本当の意味での大きな役割を負えるというのは、ある意味では選ばれた人だけかもしれませんね。

けれども、本当に思いをいたすということも、孤独な孤立的な状態ではだめなんです。孤独な状態では、ナルシズムになり、自己愛的になりがちです。目や気持ちが次の世代まで行かない、周囲の人や次の時代の人たちとの関わりまで行かないのです。ですから、世代性を生きるためにはまず、その前の発達段階として、先程お話ししましたような親密な人間関係を営みながら生活を送ることです。

周囲の人との親密さが生まれ、その親密さを基盤にして過去の人たちの築いてきた文化などを学び、そして今の自分の世代を生きるだけではなくて、次の世代を思いながら生きるような、こういう「壮年期」というのが健全で幸せなんだということです。この場合大切なことは、前の時代の文化や価値を引き継ぐという前提です。自分の時代に価値を生み出しながら生きるということは、前の時代の先人に学ぶという前提が不可欠ですからね。

どうでしょうか皆さん、毎日の生活に忙しく追われて、次の世代なんて言われて、ハッと我にかえるなんていうことでは健全な壮年期を生きていないということかもしれません。あまりお考えにならないということでしたら、これはまだ若いと思ってもいいかもしれません。現在、同世代の人のための価値の生産に没頭している若い成人の時代にあるということです。しかし、若いと思っているうちはいいのですが、これは未熟ということとは別です。

Ⅷ 老年期 「統合性」（56歳〜）

広大無限に広がり、悠久に続く空間と時間の中で、宇宙万物と自分の生涯の間に秩序と意味を見出します。

やり直すことのできない、かけがえのない自分の人生の意味に気づきます。

統合と絶望

そして、いよいよ最後の「老年期」です。「老年期」をどの時期にするか。なかなか難しい問題ですが、この時期の成熟課題は「統合」です。この逆の関係が「絶望」です。こういう言葉でエリクソンは説明しています。「統合」ということは「秩序」だとも言っています。**秩序を求めて人間一人ひとりの存在の意味を探す人間の自我の働きです。**これが統合を求める感情だと言っているんですね。非常に「大きな代償」を払っても、この危機的課題を解決しなければと言っていますが、ということは、非常に大きな努力をしても難しいかもしれません。自分を包み込むように存在する全宇宙的世界について、その秩序を実感する、それからそこに包み込まれた自分の人生の意義を考える、あるいはこれを伝えようとする努力であります。人生には、こういう意義があるということを、もうやり直すことができない人生の終盤にきて、その意義を求める努力の結果、「統合」の境地に達するのです。世の中にはとか、我々の住む地球にはとか、あるいは宇宙には根源的な秩序と意義があるのだということ、その中で自分の生涯にも、ほかにかけがえのない意味があったということを見出す、これを「統合」という言葉で呼んでいます。

宇宙の秩序

宇宙の歴史はその誕生以来百五十億年と言われます。その広がりは、一秒間に地球を七周半する光の速さをもってしても百五十億年もかかる広大無限の果てまで続くものです。今私たちが、高性能の天体望遠鏡でとらえた宇宙の果ての星があるとしたら、その光は百五十億年前のものなのです。その広大無限の宇宙の中で、地球という天体の大きさは、針の先の一点のようなものでしょう。私たちが、世界を股にかけて活動や活躍をしたとかいっても、宇宙を見る神の目には一点の中のできごとにすぎません。

また、地球の歴史は四十六億年だそうです。その悠久に続く宇宙や地球の歴史の中で、私たちは最も長い年月の生命を与えられたところで、せいぜい百年です。宇宙や地球の歴史の中では、ほんの一瞬の存在にしかすぎません。

この広大無限の広がりと、悠久に流れ続く宇宙や地球の空間と時間の中で、ほんの一点にしかすぎない地球上で一瞬間の生命のあり方を、私たちは人生の晩年になって見つめるわけです。そしてその大きな秩序の中の小さな存在の意味を探す自我のはたらき、やり直しができないし、他にかけがえのなかった自分の人生の深い大きな意味を、さらに大きな秩序の中に見出し受け入れる心のはたらき、それが「統合」です。

ですから、自分の生きた宇宙の中、世界の中、社会の中に、あるいは地球の中に一つの秩序を発見できるかどうか、あるいは求め得るかどうかということです。それから自分が存在した精神的な意義を求めることができるかどうか、それができた時、人生は「統合期」を迎えたというわけです。そういう「老年期」を迎えることは、非常に幸せなことなんです。しかし、なかなかこの辺は難しいですね。健康な成年期や壮年期を生きるということは、こういうふうになる準備をしていくということなのです。

この宇宙の中のこの地球上の秩序、この秩序は「拘束」なんていうせこいものではないんです。まあ、拘束も一つの秩序かもしれません。右折禁止も秩序でしょう。小さな具体的な身近な秩序もあるでしょう。それから、大人はこうあるべきだとか、男性はこうとか、女性はこうとか、いやそうではないとか、いろいろあるかもしれません。けれども、おそらく人間は、最晩年になると、きっと社会の中にある、あるいは宇宙の中にある、地球上にあるものの中にもっと根源的な神の力とも言うべき大きな秩序を見出すのだと思います。

そういう意味では作家は、晩年の著作がいいですね。私は個人的に、一番好きなのは処女作と晩年の作品です。処女作というのも好きです。どんな作家の処女作も出世作というのでしょうか、とても好きです。新鮮でいいですね。それから円熟した最晩年の作品も好きです。いつかそんなことも、ゆっくりお話ししたいと思いますが、処女作の後、何作かはそれほど面白くなくって、だんだんその人なりにまたできてきて、晩年にまたいいものができると、私にはそんなふうに見える作家や芸術家がおられるように思います。こういう秩序と精神的な意義というものを見出して、それを伝えようとする意欲、活動、こういうようなものをひっくるめて、「人生の統合」と言うわけです。

こうあるべきだった、自分の人生

それは同時に宇宙の有史以来の唯一の人生、他の誰のものでもない、他に類のない自分にしかないということです。たった一つの唯一の人生を、言ってみれば取り替えを許されない、だけどあるべき人生だったというふうに納得して受け入れる感情、こういう態度、これが「統合」だというふうにも言っています。言葉をかえて、「統合」というのをいろんな角度からエリクソンは言っているわけです。この自分の人生は他にかけがえのない人生だった、たった一つのまさに唯一の有意義な人生であった、そして、あるべき人生だった、すなわち十分に生きて満足すべき生涯であった、こう思えたらいいですね。

自分の人生はあってもなくても自分にとってさえどうでもよかった、自分の周囲も何も変わらなかったんじゃなかったかとしか思えないのは、これは絶望ですね。自分の存在したことの意味を自分で確認できなかったら、つらいですね。「これはあるべき人生だった」と自分の生涯を、最晩年に思えたら、これは素晴らしいですね。皆さん、いいと思われませんか。あってもなくても、どうってことはなかったなんていう人生は、まさに絶望です。そして、この自分の人生は本当にあるべきだったと思えることが、死というものを本当に安らいで受け入れられることにつながるのです。自分の人生があるべきものだったと思えない人は、死に対してそれだけ大きな恐れや拒否的なものを感じるのだそうです。

ですから、自分の死に対する拒否や恐怖については、個人差の程度がいろいろありましょう。死ということに不安を感じない人は、あまりいないと思いますが、不安や恐れの大きい人というのは、自分の人生が本当にこれでよかった、あるべき、意義のある人生だったと思えなくて、その結果死を恐れることになるということだそうです。ですから、自分の人生は、唯一どこにもかけがえのないあるべき人生だったと「老年期」に思えた時に、死を安らいで受け入れることができるのです。ということは、がんの宣告を受けた時など、死に対する拒否感や恐怖のあまり、自殺するような逆説的なことも起きるわけですが、自分の死を安らいで受け入れることのできない人が絶望的な自殺をするのです。死の恐れのために自殺をする、こういう言葉でもって表現されますが、そのことは、それまでの自分の生涯を満足を持って受け入れることができないということでもあるのです。なかなか意味のある難しいことかもしれませんが、ちょっとよく考えてみるとわかるような気がしませんか。自分の死を受け入れられる人は、ゆっくり死を待つことができるし、自分の死を受け入れることができない人は自殺をしやすいということです。全く誰もが避けることのできない自分の死というものがあるわけですが、自分の死を受け入れるということができるという人は、それまでの自分の人生全体を受け入れることができる人だと言えますね。どう死ぬかということは、どう生きてきたかということでもあります。なかなかいい言葉です。ですから自分のそれまでの人生をまさにあるべき意義のある人生だったと思えないと、死を十分に受け入れることができませんから、死期を迎えた時に疑問や不安が大きいということにもなるのです。不安や恐怖のあまり自殺をするという人がいるわけです。

私とがん

この心境というのを皆さんどう思われますか。私は一九八六年胃がんの手術をした時に、もしかしたら、ひょっとしたらこのまま人生を終えるかもしれないということを考えました。検診で、これは間違いなくがんですと言われました。そして、非常に早期だということも言われました。それは気休めでないということもわかりました。というのは私も専門外とはいえ医者ですから、レントゲン所見とか内視鏡の所見とかを見せられれば、おおよそどういう段階にこのがんがあるかということがわかるわけです。ですから慰めで「早い時期だから」と言われたわけじゃない。確かに早い時期だったのです。ところが我々医者というのは、多少因果なところがあって、がんというものは時として、原発巣は小さくても、転移巣が大きいということがあったりするということも知っているのです。

ある例で、肝臓がんだと思って治療していて亡くなりました。解剖してみたら、原発は胃がんで小さいままでしたが、肝臓がんがどんどん進展していて死因になったのです。臨床診断は肝臓がんでしたが、本当はこの場合胃がんです。本当は胃がんで転移がんが肝臓がんだったということです。ですから原発は小さくても、もっと飛んでいるということがあります。もちろん、私もそういう可能性がないわけじゃない、そんなことがあるかもしれないといろんなことを、医者はなまじ知識があるために考えたりします。もちろん、医者じゃなければそんなことは知りませんから、「早期がんです」と言われれば、普通一般の方は、本当にそう思って安らいでいられるのです。

そして、医者のほうだって、私の主治医もそういったことは重々承知していますから、念のために全身のCTを撮りましょうと、転移があるかどうかとずっと細かく調べていかれるわけです。それで、CTで肉眼的に見えるほどの転移はありませんということになるわけです。ですが、ひょっとしたらこの病気で命が終わることになるかもしれないと、ふっと、いえ、ふっとどころかかなりしっかり考えました。しかしまたその時に、昨今は抗がん剤、制がん剤が非常に発達していますから、仮にがんで転移があって多少手遅れだと言われても、三年やそこらは、生きられるかもしれないということもふっと考えました。だからそうなったら、三年間の生き方ということをあらためて大切に生きようと考えながら手術をうけて闘病をしていたわけです。その時に、ひょっとしたら、私は、その時五十歳でしたけれども、五十三、五十四、五十五歳くらいで人生を終えるかもしれない。五十五歳というのはそんなに短い人生ではなかったな、というふうにも思いました。ただ、その時に、私の親は生きていましたが、親より先に死ぬというのは、親を非常に悲しませるから、親よりちょっとでも後だったら、それは、それでいいなと思ったりしました。同時に私の年老いた母親は、それこそ手遅れの胃がんで闘病していました。自分の死が親より少しでも後ならいいのにと思い、そうなることを祈りました。

やり残したことなどない

それから、そういう時は、自分の半生というものを考えるもんですね。自分のそれまでの人生をずっと考えると、私はおおいに恵まれたいい人生だったなと思いました。よく人が亡くなると、まだまだやりたいことがいっぱいあったのに、大事な仕事を残して無念だったろうと、後に残された家族や友人が言いますが、私はやり残したことなどないなあと思いました。まだまだこれをやらねばならないのに残念でという気もなかったですね。

ですからやりたいことをやりたいようにやれて、これで自分としてはまあそれほど不幸だということもなく、ジタバタということもなく命を終えることができるな、と万が一そうなった時でも、そういう気持ちでわりあい安らいでいられました。あえて申しますと非常に安らいでいられました。そういうことは幸せでした。そういう意味で、こうやって今日も皆さんに歓迎されたり、恵まれた仲間たちと協力してせいいっぱい仕事ができてきたと思えます。私には分相応なほどに、いろんなことが自分の能力や資質に比べてできたことを思いますと、やり残したとか、まだまだということなどはほとんどないと言ってもよいほど、よくできたなと思います。

　そういう意味ではわりあい自分というのは、自分の死を安心して謙虚に受け入れられるなあという思いで、闘病中は安らいで淡々としていることができました。それで妻なんかも、緊張することは全くなく看病できたと言っております。

　ですから、やっぱり皆さん、自分の人生にある意義を自分なりに見つけておくということは、大事なことですね。一つだけ私は結婚が遅かったり、それで子どもが生まれるのが遅かったりして、まだ私には小学生の子どもがいましたから、その小学生の息子のことだけがちょっと不憫だと思ったりしました。私は手術のために入院する前日まで講演があり、それを引き受けておりましたので、前日は慈恵医大病院の小児科に行って講演したりしておりました。三日前までは、一番下の子どもだけ連れて「多摩テック」へ行ったり「釣り堀」に行ったりしました。もしかして病院から帰ってこれないことがあった時には、この子だけは、ちょっと思い出を作っておいてあげようと、ふっと思ったのです。まあ、上の子には多少ふれ合いがありましたから、下の子を連れて行ったのです。しかし、そんなことをお話しすると、皆さんは、末っ子の小さいチョロチョロしている小学生を見ながら、この子が不憫で涙が出ちゃうなんて私のことを想像されるかもしれませんが、そんなことは全くありませんでした。

一番上の子が海釣りが非常に好きで、入院の十日ほど前には、三浦半島の剣崎の海に釣りに行きました。ひょっとしてこの子も二度と海釣りに連れてきてやれないかもしれないなんてことも、ふと思ったりしました。その日は、もう真っ暗になるまで、その子が、これでいいと言うまで思いきり釣らしておいてあげました。その時はアイナメやウミタナゴなど、珍しくたくさん釣れまして、帰りの車の中でその子が「大漁だ、大漁だ」と言っていたのを覚えています。そんなことがあったりしましたけれど、わりに安らいでいることができました。もっとも私自身、人生の終盤の「統合」をというほどの大そうな自分の人生を生きることができているわけではありませんが、ああいう時には、やっぱり、年齢とは関係なく「老年期」を生きることになるのかなあというようなことを思いました。エリクソンの言う「老年期」と同じある種の心境ですね。だんだん体が弱って、七十、八十になって「老年期」を意識する。意識の仕方もありますし、五十代であっても、もしかしたら不治の病かもしれないと思った時に「老年期」を生きるというのに近い心境になるのかもしれないな、ということを私は思いました。本当に幸せなことに自分というのは、自分の死をわりあい素直に受け入れられる気持ちでした。

感謝

ですから、それまでの人生を幸福に生きてこられたのだと感謝しています。親に恵まれ、先生に恵まれ、家族にも恵まれ、そして親しい友人をたくさん持って、自分というものを確立していくのがいいのです。友人とか知人に恵まれなければ、自分というものは確立できないし、「親密さ」も生きてこられないし、「世代性」の成熟課題を解決するように生きることもできないわけです。そういうものを克服しながら生きない状態で「老年期」を迎えるということになれば、決して安定した状態ではいられないはずです。そういう意味で、エリクソンのこういうライフサイクルにそった生き方を学ぶということは、非常に意義深いことと思います。皆さんは、どんなふうにお考えになりますか。

簡単にエリクソンのことをお話しすると、エリクソンのライフサイクルの本をお読みになるかもしれません。けれども、言葉が難しかったりして読みにくい本です。でも、こうやってひと通り話を聞いていてくださると、読みやすいかもしれません。書いてある言葉の意味がとらえやすいかもしれません。より深く味わいたいと思われる方は、お読みになるといいと思います。だいたい私たちはどんな生き方をすればよいかということを思案する場合の、一つのモデルと言いましょうか筋道と言いましょうか、そんなことを探っていただけるかと思います。皆さんが、小さい子どもを育てる時には、自分の生き方というものを考えながら、周囲の人をしっかり信頼できるように、そして自律性と自発性の豊かな子どもに、「学童期」を迎えたら仲間と一緒にという意味での「勤勉さ」というものを身につけられるように、そして、「思春期」には自分というものをある程度客観的に、しっかり見つめられるように育てられたらと思います。

「成人期」には周囲の人、もちろん配偶者には当然そうですが、周囲の人としっかり「親密性」を持っていて、できることならいずれは、まず自分たちより前の時代を生きた人々が作った文化や伝統に思いを馳せて、それから次の世代の人たちのことを少しは考えて欲しいですね。次の世代にも思いを馳せるという生き方をし、最後には、今申しましたように自分の生涯を考えてみることです。このように見ていくと人生はすべて人との関わりばかりですね。人との関わりで生きているのですね。

ところが、今の時代ほど、人との関わりをないがしろにして生きている時代はないでしょう。あるいは、人との関係を結べなくなったというべきかもしれません。親、兄弟、近所の人、職場の同僚、上司、あるいは後輩というような人々と人間関係をいいかげんにと言いますか、粗末にしながら生きている時代はなかったと思います。それは、ある程度経済的豊かさがそうさせる面があるでしょう。一見、周囲の人と関係を持たなくても、物によってある種の自己実現、自己満足ができるわけです。でも、それは自己愛的な生き方なのです。周りの人は全く関係なく自分のことだけを考えて、あるいは自分と自分の家族のことだけを考えて生き、結果としては、親子関係も含めて、人と人の関係が全部うまくいかなくなりがちです。うまくいかなくなる筋道のことを、お話ししてきたとも言えると思います。

要は自分というもの、自分の生涯というものを大事にするということは、周りの人を大切にするということですね。人との関係を大切にすることですから。ご主人や奥様を大事にすること、恋人を大事にすること、友人を大事にすること、職場の同僚を大事にすること、上司を大事にすること、後輩を大事にすること、親を大事にすること、これらが結果として自分を大事にすることになるのです。朝、職場の同僚に会った時に、気持ちよく挨拶ができるかどうか、別れ際に気持ちのいい別れができるかどうか、というようなことも含めて、自らの生き方の多少参考にしていただければ、あるいは、子どもを育てるための参考にしていただければと思います。

　エリクソンをずっとお話ししてきたことがどれくらい意義があったかどうかと思います。いつも私は、学校教育や幼児教育の場、あるいは保育の現場などでは、思春期の頃までしかお話しするチャンスがなく、成人期以降はあまりお話ししておりません。しかし、たまには、私たちも自分自身の生き方を考えてみるのもいいかもしれませんので、少し深入りして、人間の生涯、ライフサイクルの全体をお話ししてみました。

あとがき

エリクソンは、人間には発達や成熟の各段階に発現する危機的な課題、親和的な素因に対して、いわば反対的に作用する違和的な問題が、常に必ずあることを指摘しています。基本的信頼感に対して不信感、自律性に対して恥と疑惑、自主性に対して罪意識、勤勉性に対して劣等感、同一性に対して同一性の混乱（拡散）、親密性に対して孤立、世代性に対して自己陶酔、統合性に対して絶望感です。

人間はいつも、肯定的で親和的な内面と、否定的で違和的な感情がダイナミックに作用し合った緊張の中にある存在だというわけです。健全で親和性のある心理状態と、その肯定的な素因を妨害しようとする否定的で違和性のある心の働きが、その時々で種々多様な緊張やバランスを作り出しているのが、人間としての存在そのものだというわけです。

しかし私は、臨床医としての仕事と夫として父親としての家族生活を営みながら、現代社会は否定的な感情や違和的な心理状態の方向に、人間を向けてしまう作用が強く働いているように思えて仕方がないものですから、自分の周りの人々との話し合いや勉強会では、親和的・肯定的な面を大切にして生きる生き方を、いつも意識的に強調してきました。その結果が本書のようなものになったのです。

初めての出会いから、長い年月の変わらぬ愛情に感謝して、この小さな書物を妻洋子に捧げます。

参考文献

・我妻洋編『非行少年の事例研究―臨床診断の理論と実際―』／誠信書房／１９７３年
・Ｅ・Ｈ・エリクソン（仁科弥生訳）『幼児期と社会』Ⅰ、Ⅱ／みすず書房／１９７７年、１９８０年
・Ｊ・ボウルビィ（黒田実郎訳）『乳幼児の精神衛生』／岩崎学術出版社／１９６７年
・ヴィゴツキー・レオンチェフ・エリコニン他（神谷栄司訳）『ごっこ遊びの世界』／法政出版／１９８９年
・バーバラ・Ｍ・ニューマン、フィリップ・Ｒ・ニューマン（福富護、伊藤恭子訳）『生涯発達心理学』／川島書店／１９８０年
・Ｅ・Ｈ・エリクソン（小此木啓吾訳編）『自我同一性』／誠信書房／１９７３年
・西平直『エリクソンの人間学』／東京大学出版会／１９９３年

・Clyman RB. Emde RN, Kempe JE et al : Social referencing and social Looking among twelve-month-old infants. In Affective Development in Infancy. (Brazelton TB. Yogman MWA eds). Norwood. NH Ablex (1986)
・Emde RN. Johnson WF. Easterbrooks MA : The do's and don'ts of early moral development. Psychoanalytic tradition and current research. In The Emergence of Morality. (kagan J. Lamb

S eds). University of Chicago Press, Chicage (1988)

企画協力：子育て協会
カバーデザイン：ISSHIKI

佐々木正美《ささき・まさみ》

児童精神科医。1935年、群馬県生まれ。2017年没。新潟大学医学部卒業。ブリティッシュ・コロンビア大学児童精神科、東京大学精神科、東京女子医科大学小児科、小児療育相談センターなどを経て、川崎医療福祉大学特任教授。臨床医としての活動のみならず、地域の親子との学び合いにも力を注いだ。専門は児童青年精神医学、ライフサイクル精神保健、自閉症治療教育プログラム「TEACCH」研究。糸賀一雄記念賞、保健文化賞、朝日社会福祉賞、エリック・ショプラー生涯業績賞などを受賞。『子どもへのまなざし』(福音館書店)、『子どもの心の育てかた』(河出書房新社)、『子育てのきほん』(ポプラ社)など育児、障害児教育に関する著書多数。

ポプラ新書

177

子どもの心は
どう育つのか

2019年10月 8 日 第 1 刷発行
2019年10月29日 第 2 刷

著者
佐々木正美

発行者
千葉 均

編集
木村やえ

発行所
株式会社 ポプラ社
〒102-8519 東京都千代田区麹町 4-2-6
電話 03-5877-8109（営業） 03-5877-8112（編集）
一般書事業局ホームページ www.webasta.jp

ブックデザイン
鈴木成一デザイン室

印刷・製本
図書印刷株式会社

N.D.C.379/160P/18cm ISBN978-4-591-16438-9

P8201177

母という病

岡田尊司

昨今、母親との関係に苦しんでいる人が増えている。母親との関係は、単に母親一人との関係に終わらない。他のすべての対人関係や恋愛、子育て、うつや依存症などの精神的な問題の要因となる。「母という病」を知って、それに向き合い、克服することが、不幸の根を断ち切り、実り多い人生を手に入れる近道である。

どこまでやるか、町内会

紙屋高雪

大きな災害が起こるたびに人々の結びつきが注目され、町内会の存在がクローズアップされる。一方で、高齢化で担い手がいない現実や、子育て世代にとって負担の多い活動が、ご近所トラブルのもとになることも。町内会と行政の関係や新興の町内会のあり方を通して、町内会に関わるすべての人の疑問や思いにこたえる1冊。

本当は怖い小学一年生

汐見稔幸

なんのために勉強するのかわからない。そもそも授業がつまらない。親の過剰な期待に振り回されている。――「小一プロブレム」と呼ばれ、小学校低学年の教室で起こるさまざまな問題は、じつは「学びの面白さを感じられない」子どもたちからの違和感や抵抗のあらわれだ。子どもの可能性を引き出すために、今必要なものは何か。教育、子育てへの提言。

世界史で読み解く現代ニュース

池上彰＋増田ユリヤ

世界史を知っていれば、現代のニュースが理解できる。現代のニュースからさかのぼれば、世界史が興味深く学べる。第一弾の本書では、中国の海洋進出の野望のルーツを中国の「大航海時代」に求め、中東に現在も影響を与え続けているオスマン帝国からイスラム紛争を読み解いてゆく。

今こそ「奨学金」の本当の話をしよう。

貧困の連鎖を断ち切る「教育とお金」の話

本山勝寛

奨学金を借りる大学生の割合は5割を超え、延滞者も約20万人と増え続けている。一方、メディアでは「奨学金タタキ」の言説が目立つ。いよいよ給付型奨学金もはじまるが、その欠点は各所で指摘されている通りだ。しかし、叩くだけでは何も解決しない。本書は、奨学金のみで東大に合格、ハーバードに通った教育専門家が問題の本質を分析し、現実的な改善策を提言する1冊である。

生きるとは共に未来を語ること　共に希望を語ること

昭和二十二年、ポプラ社は、戦後の荒廃した東京の焼け跡を目のあたりにし、次の世代の日本を創るべき子どもたちが、ポプラ（白楊）の樹のように、まっすぐにすくすくと成長することを願って、児童図書専門出版社として創業いたしました。

創業以来、すでに六十六年の歳月が経ち、何人たりとも予測できない不透明な世界が出現してしまいました。

この未曾有の混迷と閉塞感におおいつくされた日本の現状を鑑みるにつけ、私どもは出版人としていかなる国家像、いかなる日本人像、そしてグローバル化しボーダレス化した世界的状況の裡で、いかなる人類像を創造しなければならないかという、大命題に応えるべく、強靭な志をもち、共に未来を語り共に希望を語りあえる状況を創ることこそ、私どもに課せられた最大の使命だと考えます。

ポプラ社は創業の原点にもどり、人々がすこやかにすくすくと、生きる喜びを感じられる世界を実現させることに希いと祈りをこめて、ここにポプラ新書を創刊するものです。

未来への挑戦！

平成二十五年　九月吉日　　株式会社ポプラ社